重建华夷语系的
理论和证据

何九盈 著

2015年·北京

图书在版编目(CIP)数据

重建华夷语系的理论和证据/何九盈著.—北京：
商务印书馆，2015
ISBN 978-7-100-11566-7

Ⅰ.①重… Ⅱ.①何… Ⅲ.①汉语—关系—亲属语言—研究 Ⅳ.①H1

中国版本图书馆CIP数据核字(2015)第211199号

所有权利保留。
未经许可，不得以任何方式使用。

重建华夷语系的理论和证据

何九盈 著

商 务 印 书 馆 出 版
(北京王府井大街36号 邮政编码100710)
商 务 印 书 馆 发 行
北京市艺辉印刷有限公司印刷
ISBN 978-7-100-11566-7

2015年11月第1版 开本 850×1168 1/32
2015年11月北京第1次印刷 印张 5 7/8

定价：18.00元

内 容 简 介

汉语和亲属语言关系的研究,由于一直模仿印欧语系的研究方法,可说已到了山穷水尽的地步。本文提出"重建华夷语系",就是要另辟新的路径,做新的尝试。

"华""夷"只是文化的不同,语言的不同,并非种族上的差别。"夷"乃中性词,毫无贬义。华夷原本是一家,分"家"的根本原因是社会大分工的结果。有人进入了农耕社会,有人还停留在游牧或农牧阶段,于是土地就成了争夺对象,争夺的最高形式是战争。战争导致了部落联盟的产生,导致了部落的不断重组,于是有了不同的语族。有的语言消失了,有的语言扩张了。语言的命运也就是族群的命运。战争造就了"华夷语系",造就了四大语族,即羌戎语族、百越语族、苗蛮语族、华夏语族。五帝时代,这一格局就基本上定下来了。东夷语和北狄语呢?东夷语在五帝时代前期就已经分化,有的华夏化,更多的是演变为百越语族。本文以语系为根据,首次区分"内北狄"与"外北狄"。以华夷语系为母语的属于"内北狄",以阿尔泰语系为母语的属于"外北狄"。内北狄在战国时期已全部华夏化,故不能与四大语族并列。

本文用口传历史、亲属语言、考古文化三证合一的方法证明四大语族的亲属关系。考古文化的辉煌成就改变了我们的语言视野和文化观念,尤其是意义空前重大的红山文化的发现,对激活古老的口传历史、印证文献资料的可靠性等,发挥了极其重要的作用。保存在古汉语中的原始华夷语留下来的某些化石词,经与亲属语言互相印证,解决了许多重大的疑不能明的历史信息。破译化石词是史前语言研究的一种重要方式。

本文的研究从理论到方法都是一次革命,"华夷语系"这个新概念就是革命的产物。

西哲黑格尔有言:"密纳发(Minerva)的猫头鹰要等黄昏到来才会起飞。"是时候了,该中国史前语言研究起飞了。

目　录

序——兼谈詹姆士·A.马蒂索夫的《回复》 …………… 1
壹　总论:何谓华夷语系 ……………………………… 27
贰　理论预设:华夷原本是一家 ……………………… 38
叁　证据之一:口传历史 ……………………………… 44
肆　证据之二:亲属语言 ……………………………… 53
伍　证据之三:考古文化 ……………………………… 87

参考文献选目 ………………………………………… 164

序

——兼谈詹姆士·A.马蒂索夫的《回复》

在大学四年级下学期(1960年上半年)我听过袁家骅先生(1903—1980)的"汉藏语导论"课(据说这是中国高校第一次开设这样的课),由于毫无兴趣,故收获甚微。时隔30年,我写《中国现代语言学史》一书,其中第八章为"非汉语语言文字学",于是钻进图书馆,对1949年之前的"非汉语"研究进行了较为系统的调查研究,虽说是"述而不作",却使我由"毫无兴趣"转变为很感兴趣。又过了十多年,也就是退休之后,我发表了《汉语和亲属语言比较研究的基本原则》一文,刊登在2004年《语言学论丛》第二十九辑上。此文的目的是要"检讨一下比较研究的基本原则"。文中提出了两条基本原则。"基本原则之一:远程构拟应与层级构拟相结合,应以层级构拟为基础";"基本原则之二:比较构拟应与内部构拟相结合,应以内部构拟为基础"。这完全是从诸多构拟文本中总结而来,即使从今天来看,这两条"基本原则"仍然属于构拟学说的基础理论,违背这两条原则的所谓历史比较构拟,只能是纸上谈兵,自说自话,毫无实际意义。这篇文章既然是"检讨",当然就要对以往的比较构拟做出判断,在评价中无可回避地要以白保罗(Paul K. Benedict)、马蒂索夫(James A. Matisoff)、奥德里古尔(André

Georges Haudricourt)、蒲立本(Edwin G. Pulleyblank)为对象,因为他们的构拟理论影响很大,偏离"基本原则"甚远,有评判的价值,跟国籍毫无关系。

时隔两年,也就是 2006 年,《语言学论丛》第三十四辑刊发了老马同志(我们的根本目的都是为了"历史语言"研究,所以我尊之为"同志")对我的《基本原则》的"回复"。马文的标题是:《历史语言学研究不是奥林匹克竞赛——回复何九盈〈汉语和亲属语言比较研究的基本原则〉一文》。基于以下三个方面的考虑,我没有对马氏的《回复》立即做出回应,尽管《论丛》的主持人希望我回应。

原因之一:白保罗、马蒂索夫的语言分类和研究方法早在 20 世纪 70 年代、80 年代就受到张琨、李方桂的严厉批评,可以说是全盘否定。张琨在一次演讲中说:

> 这个语言的分类,你们知道是靠不住的。因为这些语言的分类是完全靠民族的称呼或是地理的分布,不是用语言学的方法来建立语言分类……这种民族学的称呼,也未必完全没有道理。那么,怎么才能够知道呢? 就是要对民族史方面进一步研究,知道这些名称的来源,知道这些名称的历史。这是一个很要紧的工作。比方说,在 Benedict 的书(即 Sino-Tibetan, A Conspectus)里头,有一章讲到语言的分类,我在我的书评里批评他这个语言的分类是完全头脑简单的分类。你怎么能够拿现在这些不同民族的地理的分类,说就是三千年以前的分类呢? 但凡你有普通常识就知道。尤其这些少数民族受到有力量的人民的压迫、剥削这种事情,这个变动是很

大的。所以要拿现在这些各种民族的地理分布做根据,来做这些语言的早期的分类,这是靠不住的。①

张琨批评的是白保罗,而事实上老马同志对此书的出版问世都负有直接责任,是他"发现了这本书的手稿,觉得它的资料之丰富,并以几乎像哥白尼一样的洞察力,从其他语言区域围绕着某个特定语言区域这种观点出发提出的'汉语中心说',在本尼迪克特博士自完成他的手稿而把它搁置起来去从事旁的工作以来的这些年月里,可说是独树一帜,而且无出其右"②。张琨的批评戳穿了这类无稽之谈。无论是白保罗还是马蒂索夫,他们对汉、苗、瑶、侗、台、藏等民族的远古历史和他们在新石器时代的分分合合,以及各自的来龙去脉,几乎一无所知,"这是一个很要紧的工作",他们做了什么?!因此,他们只"能够拿现在这些不同的民族的地理分类,说就是三千年以前的分类",张琨斥之为"是完全头脑简单的分类",可谓入木三分。只有"头脑简单"的人,才会称颂赞扬这种分类,老马同志的"洞察力"如何?稍有头脑的人是不难做出独立判断的。如果说张琨的批评只是概乎言之,那么,李方桂的批评就直指马蒂索夫了。

人所共知,李先生是一个极为严谨的语言学大家,从不轻易评论他人。《李方桂先生口述史》第四章十七节是对"詹姆斯·马蒂索夫和保罗·本尼迪克特(白保罗):有关方法论的评论"。为了避

---

① 张琨主讲、张贤豹记录《中国境内非汉语研究的方向》,原载《幼狮月刊》四十卷六期,1974年12月。收入痖弦主编《中国语言学论集》,幼狮文化事业公司,1977年。

② [美]P. K. 本尼迪克特著,J. A. 马提索夫编,乐赛月、罗美珍译,瞿霭堂、吴妙发校《汉藏语言概论·前言》,中国社会科学院民族研究所语言室,1984年。

免"曲解原意",我直接引用李先生的原话,看他是如何评论白、马二先生的。

> 后来,他(指老马同志)同我们的老朋友保罗·本尼迪克特(白保罗)相识了。搞起了这种汉藏语言学的研究。当时他十分喜欢保罗,并有意提携他。从那以后,汉藏语在美国学术界成为一个颇有前途的学术领域。然而,在这方面我从未同保罗·本尼迪克特意见一致过,从不引用他的话。①
>
> 我认为那不能称之为方法论,根本不能成其为方法论。那仅仅是,——他十分——你们都知道,他读过许多词典。他是读过许多词典,并从词典里抽出了大量词汇等等。但是,他的确很聪明,确实是个精明人。但在方法论上我不赞赏,因而我从不对我的学生引用他的话。我认为他的方法论让人误入歧途。②
>
> 问题在于本尼迪克特从来不研究任何语言。③
>
> 我以为所有此类构拟纯属胡闹。④
>
> 我认为马提索夫对提倡这种类型的胡闹要负部分责任。⑤
>
> 我认为他(指老马)太聪明,我不太明白他的研究。有时

---

① 李方桂著,王启龙、邓小咏译,李林德校订《李方桂先生口述史》,第92页,清华大学出版社,2008年。
② 同上,第93页。
③ 同上,第96页。
④ 同上,第95页。
⑤ 同上,第96页。

他的构拟我不太明白,这并不是因为我对他搞的那些语言不太熟悉之故。①

中国有句成语:"聪明反被聪明误。"如果一个人"太聪明","误"的恐怕不只是自己,还要使他人"误入歧途"了。李先生用"聪明"来形容马教授,即使"头脑简单"的人也能明白此中的真意吧。我还有什么必要与如此"聪明"的人去进行什么"奥林匹克竞赛"呢?何况"聪明"人已告诉我:这"不是奥林匹克竞赛",是什么"竞赛"?"聪明"人并没有说清。

在台湾由于张琨的坚决抵制,李方桂的高调驳议,白、马所鼓吹的分类结论和比较方法早已没有什么市场,似乎也无人"误入歧途"。大陆的情形如何呢?且听听邢公畹的一段自述。邢先生1997年11月30日(盈按:时年八十又三)在《我和汉藏语研究》一文中说:

> 在国际上,1942年美国学者白保罗先生(Paul K. Benedict)已经提出一种新学说,认为台语跟汉语并没有发生学上的关系,应该把台语和南岛语归为同系。——后来,他主张汉藏语系应该分为汉语和藏·克伦语两族,苗瑶、侗台等语不在汉藏语系之内。这个学说轰动一时,中国有不少学者也都信仰。有一位中青年学者写信谴责我说:"侗台语和汉语并没有

---

① 李方桂著,王启龙、邓小咏译,李林德校订《李方桂先生口述史》,第98页,清华大学出版社,2008年。

亲缘关系,你的做法只不过是侗台语的汉语音韵诠释。你走的是一条死胡同。"我读了信虽然心里非常沉重,但是我还是很感激他,因为如果他不告诉我,我是不知道人家对我是有这样尖锐的批评的。但是按照我多次进行田野工作的直觉,汉语和侗台语之间有可能对应的词语并不只限于"文化接触型"的。但这种深层的关系很隐秘、很琐碎,我一时无法把它抽出来,说清楚。不过我相信,在远古时期必然有一个操说原始汉藏语的群体,后来的汉、藏缅、侗台、苗瑶等语言都是从这个原始语分化出来的(这个意思后来在1996年我写《汉藏语系研究和中国考古学》才把它说清楚)。所以我有可能把汉语、侗台语词汇中的对应关系及其规律找出来。我坚信这一点,这正是柳永《凤栖梧》词句所说的:"衣带渐宽终不悔,为伊消得人憔悴。"①

张琨、邢公畹都是李方桂的大弟子。张是苗瑶语研究的大专家,邢是侗台语研究的大专家,二人都有"田野工作中的直觉",有优秀的研究成果。我们是相信实践者的结论呢,还是相信那些"纯属胡闹"的"构拟"呢?有必要跟着马蒂索夫一起去"胡闹"吗?这是我懒得回应的原因之一。

原因之二:我对马蒂索夫教授本无任何成见,也无任何"不友好"的表示,可是,读了他的《回复》之后,深感失望。从文章的题目到通篇的内容,毫无学术含量可言,他没有拿出任何一个汉语或与

---

① 张世林编《为学术的一生》,第455—456页,广西师范大学出版社,2005年。

汉语有关的具体事实来反驳我们提出的两个"结合"、两个"基础"。他有意歪曲矛盾的性质,挑拨离间,企图将学术争鸣引入歧途。说什么我的"文章全盘指责西方学者的汉藏语研究","具有不友好的调子","引入到一种互不信任的对立关系中",把明明是学术上的分歧歪曲成"是中国学者与非中国学者的分歧",真是逻辑混乱,胡搅蛮缠。我的文章只是我个人的意见,不代表任何其他"中国学者",你马蒂索夫,再包括白保罗、蒲立本等人就能代表整个"西方学者"吗?何况,我也与蒲立本教授有过接触,他的学风似乎与你马蒂索夫先生大不相同。说到底,你们可以任意评判李方桂、王力先生,而我的文章批评了白保罗,你马蒂索夫就沉不住气了。为什么?

> 就像众所周知的,白保罗(我25年的老友)可以说是我历史语言学研究中的灵感来源和偶像,我觉得我在他的心目中也有特殊的地位。①

老马同志的这一表白颇有江湖意识,不幸的是他把这种浓厚的江湖意识引进了学术研究,以致连李方桂都"不太明白他的研究"。

据李方桂言,"本尼迪克特从来不研究任何语言(指的是实际调查研究过的一门语言)","1933年,罗斯福时代大萧条时期,他们为保罗安排这个从事汉藏语研究的工作,仅仅是为了他的生计等等。而谢飞和保罗之间意见相左"。晚些时候,本尼迪克特成了

---

① 马蒂索夫语,见《语言学论丛》第三十四辑,第349页,商务印书馆,2006年。

"精神病学者。他从事这个职业,并因此赚了大钱。过着富裕的生活。可是,众所周知,他至今还在研究各种不同的语言。你们知道,他使用所有的词典,从中抽出许多词汇来,编出了他那本书"[1]。

老马同志将这样一个人奉为"偶像",将"那本书"奉为"圣经,这太可悲了"(李方桂语)。我以为,老马同志崇拜"偶像",纯属个人自由,"可悲"的是他强行鼓吹、兜售"偶像"的那种"头脑简单的分类"和"纯属胡闹"的"构拟"。有人起来批评,他就乱扣帽子,什么"不友好的调子"啦!"有严重问题"啦!什么"引入到一种互不信任的对立关系中"啦!什么"使得中美学者的关系倒退"啦!什么"没有一个国家可以在真理面前垄断"啦!简直是不知所云!难怪李方桂要一再称赞其"绝顶聪明""过于聪明"了,我可领教了!

其实,只要不是头脑过于简单的人就可看出,老马表面上气壮如牛,实则学术底气严重不足呀!只有靠大帽子来压人了!他甚至忘记了这样的基本事实:严厉指斥白保罗的李方桂、张琨也是美国国籍,也在美国任教呀!真正的学术是不分国籍的,拿"中美学者的关系"来说事,太拙劣了!

玩弄概念也是老马的强项,如什么"远程构拟""超级构拟""超级比较"之类,谁要盲目地跟着这类"概念"跑,肯定要"误入歧途",因为这种缺乏史实联系和系统关系的所谓"构拟""比较",正如季羡林所言:"美国学派提倡的平行研究,恍兮惚兮,给许多不学无术之辈提供了藏身洞。"[2]

---

[1] 李方桂著,王启龙、邓小咏译,李林德校订《李方桂先生口述史》,第94页,清华大学出版社,2008年。

[2] 季羡林《痛悼钟敬文先生》,收入《病榻杂记》,第94页,新世界出版社,2007年。

经验告诉我:跟这种"偶像"崇拜者去打笔墨官司,不仅浪费精力,而且有失学术体统,这是我对马氏《回复》一文保持沉默的原因之二。

原因之三:我以为什么事情都应反求诸己。一门学科的命运如何,发展前途如何,尤应不断地从理论与方法两方面反思、反省。分歧并不只是白保罗、马蒂索夫的问题,更不是什么"中国学者与非中国学者冲突"的问题,也不是写一篇回应文章与老马同志辩论一通就可以万事大吉的。这是一件极为严肃、极为复杂,需要花大功夫才会有所突破的历史性任务。我并不专攻民族语言学、历史比较语言学,充其量算个热心爱好者,或者说,有一种极强的责任心。我在《基本原则》的结尾部分说:

> 中国,是汉藏语的故乡、发源地,我们有责任推进汉藏语言研究的发展。

这句话完全符合事实,没有任何排外情绪。老马同志竟然将我的好意歪曲为"外国人没资格在这一领域提出任何看法",接着就大义凛然地宣布:"没有一个国家可以在真理面前垄断。"这样的思维方式、辩论方式,可以说,太不正常了!谁说过"外国人没资格……",个人的学术看法跟"国家"有什么关系!!!老马同志动不动就要代表整个"外国人",就要上升到"国家"层面,这是哪儿跟哪儿?扯什么淡呢!像个教授在说话吗???太放肆了!你的《回复》一文能在《语言学论丛》上刊出来(请注意:我也是这个刊物的编委),不足以证明我们的学术研究很开放很自由吗!我们对你是不是很友好吗！谁在"垄断"？听不得不同声音想垄断话语权的人究竟是谁？你敢把我这篇序文在跟你有关的刊物上原文照登吗？请老马同志站出来公开回答！

学术争鸣原本是极有意义极为平常的事，老马同志，为什么那么紧张？那么离谱？那么害怕真理？

实话告诉你，我真的很感谢你的"偶像"白保罗先生的"胡闹"，更感谢你这位对"提倡这种类型的胡闹要负部分责任"的老马同志，是你们促使我对历史比较问题进行了长期的深刻反思，我用十余年的时间，在海量阅读的同时，反思了下列问题：

1. 为什么历史比较法（邢公畹先生说：实际是"形态比较法"①）用于印欧语系的研究很成功，而用于汉藏语系的研究则很不成功？为什么"汉藏语言的亲属分类研究有近200年的历史，但迄今为止，学者们仍然为如何分类而争论不休"②呢？为什么李方桂说"人们研究语言时，多多少少不再那么重视历史比较法了"呢？《晏子春秋》里有一个故事，说："橘生淮南则为橘，生于淮北则为枳，叶徒相似，其实味不同，所以然者何？水土异也。"③将历史比较法用于汉藏语系统研究是否"水土不服"呢？明知不服，为什么还硬要使之服呢？大惑不解！

2. 前有法国的梅耶，后有日本的桥本万太郎，他们都指出过，

---

① 见丁邦新、孙宏开主编《汉藏语同源词研究（二）》，第4页，广西民族出版社，2001年。

② 孙宏开、江荻《汉藏语系研究历史沿革》，见丁邦新、孙宏开主编《汉藏语同源词研究（一）》，第1页，广西民族出版社，2000年。

③ 《晏子春秋集释·内篇杂下》卷六，第392页，中华书局，1962年。

以形态为根据的历史比较法有天然的局限性,不可盲目套用。梅耶说:"一种形态繁杂的语言,包含着很多的特殊事实,它的亲属关系自然比较容易得到证明……反过来,远东的那些语言,如汉语和越南语,就差不多没有一点形态上的特点,所以语言学家想从形态的特点上找出一些与汉语或越南语的各种土语有亲属关系的语言,就无所凭借,而想根据汉语、西藏语等后代语言构拟出一种'共同语',是要遇到一些几乎无法克服的阻力的。"①

桥本说:"正如个人与家族之间有亲属关系一样,地球上的人类语言之间似乎也有谱系关系。英国杰出的东方学家威廉·琼斯,偶然注意到了这一事实,他在研究梵文过程中偶然地发现了这一现象。对于后来语言学的发展来说,这个偶然性的发现,既极其幸运,在某种意义上又非常不幸。……人类语言谱系说这个论题发端于1786年(盈按:相当于乾隆五十一年)琼斯在孟加拉·亚洲协会年会上的演讲。语言谱系说只是在这个独特发展的印欧语土壤上开出来的花。因此,从世界观点来看,这是相当偶然的奇特事件。所谓不幸,乃是人们把这一针对印欧语的议论,轻信为适用于人类语言科学的普遍真理、绝对真理,这就束缚了跟印欧语发展不相同的语言发展的研究。"②"农耕民型语言由于被其中心语言的同化和不断借用,要想阐明这种同化的组合过程,采取印欧语用过的方法,即根据比较法来构拟祖语则是非常困难的。为了说明困

---

① [法]梅耶著,岑麒祥译《历史语言学中的比较方法》,第27页,世界图书出版公司,2008年。
② [日]桥本万太郎著,余志鸿译《语言地理类型学》,第11页,世界图书出版公司,2008年。

难的程度,且举一个实例。在印欧语同源词中,再没有比数词更稳定的了。为此,以谱系说为基础的研究习惯上先从调查数词着手。可是在东亚,则完全相反,再没有比数词更为浮动了。"①

梅耶、桥本所言都是极为普通的常识,为什么有人就听不进去呢!你说他们的思维方式被"束缚"住了吗,他们又很聪明。梅耶说要有"形态上的特点"才可"比较",他们就说"原始汉语"原本就有"形态"呀。立即就可以"构拟"出各色各样的"形态"。"几乎无法克服的阻力"轻而易举就被"克服"了。

梅耶以形态来区分语言类型,桥本以"牧畜民型""农耕民型"来区分语言类型。对于桥本的类型说人们可以有不同的看法,但他指出"农耕民型语言"存在"同化的组合过程",这是完全符合历史实情的,而白保罗、马蒂索夫们对于新石器时代就已产生的"同化的组合过程"几乎一无所知,他们就可运用"历史比较法"将一些根本不能反映"同化组合过程"的所谓"构拟"进行分类。这究竟是"极其幸运"呢,还是"非常不幸"呢?

3. 白保罗的分类学说"轰动一时",大陆内地为什么没有人审核其原始材料的可靠性和构拟材料的真实性如何?跟风者为何这么多?自信力和判断力为何如此孱弱?难道不值得反思而又反思吗!

4. 在《李方桂先生口述史》中,访谈者罗仁地(Randy Lapolla)有这样的提问:

> 您是怎么看待他(指马蒂索夫)的主要观点(盈按:请读者

---

① [日]桥本万太郎著,余志鸿译《语言地理类型学》,第15页,世界图书出版公司,2008年。

注意:是"主要观点",不是一般见解)的? 比如有一天他演讲,您也去了,他谈到这样一个观点:建立庞大的词汇谱系,为整个语义群(Semantic group)建构某种规范的构拟形式,比如说通过不同语言中人体部位名称和某些事物类型名称的比较,可以追溯事物的极其公式化的类型来。

李方桂如何回答呢? 李说:

> 要那样做,他必须是位绝顶聪明的人。我无论做什么,都希望做到,让每个人都知道和明白我在干什么。但是,我现在并不十分懂得他在试图干些什么。他过于聪慧,对我来说他是太聪明了。①

李氏的回答极为深刻,也极为睿智,可是,由于他的幽默、反讽风格,很容易被读者忽略。这里说到了两种完全不同的学风:李氏本人的研究风格,也就是他在"干什么",目标与价值以及可行性、现实性、可操作性,都是非常"明白"的。而马蒂索夫"在试图干些什么"不是也说得很"明白"吗? 李氏为什么说"不十分懂得"呢? 是真的不懂吗? 当然不是。直白地说,马蒂索夫的"观点",和他要建立的"谱系""构拟形式",纯属主观主义的瞎胡闹。所谓"绝顶聪明"、所谓"过于聪慧"、所谓"太聪明",其实就是聪明的反面。这样

---

① 李方桂著,王启龙、邓小咏译,李林德校订《李方桂先生口述史》,第99页,清华大学出版社,2008年。

的表述很深刻,而如何解读,就看老马同志是否愿意琢磨其中的真实含意了。从字里行间不难看出,李方桂已懒得或不屑于用学理分析的方法来正面批评其观点与方法如何错误。他当然懂得,对方怎么会听得进去呢。

不单是李方桂对这样的"谱系"研究持根本否定态度。日本的桥本万太郎也有批评。他说:

> 比如有的人像白保罗博士那样,想给各语言间的词汇项目任意地系联起来,凡属人体各部位的名称就无条件地当作基本词汇,并以此进行构拟"祖语"的探索;也有詹姆斯·马蒂索夫教授等人,以藏缅语为主要资料,从而证明人体名称这类词如何构成了稳定的单词群(盈按:括注中的引文出处,省略)。可是一看下表就会发觉,"眼""膝""颈"等人体上最重要的部分,在已经证实属于印欧语的俄语里,偏偏就包含了来自旁系的词;甚至在汉语方言里(虽然都是所谓方言,不是独立的语言),也发现至少存在"眼"和"目","膊"和"膝"及"骸","脖"和"颈"及"领"等南北两支或三支(盈按:例证省略)。①

桥本认为:"基本词汇和非基本词汇,在牧畜民型和农耕民型语言里各不相同。"②怎么能够"任意地系联起来"呢?用如此

---

① [日]桥本万太郎著,余志鸿译《语言地理类型学》,第18—19页,世界图书出版公司,2008年。
② 同上,第17页。

"任意地系联起来"的材料构拟"祖语",可信吗?不是胡闹又是什么?

　　道理很明白,既不了解一个民族的历史谱系,又不了解一个民族的文化谱系;既不了解这些语言在远古的原始面貌,又没有揭示其"很隐秘、很琐碎"的深层关系,也无形态可据,请问:这"词汇谱系"如何建立?连构拟对象都不真切,构拟方式都成问题,所谓"某种规范的构拟形式"如何"建构"?难道就凭今音来假设、来猜想吗?张琨指出:"不要好高骛远,好大喜功,要从小处着手。"[1]极为正确,实为经验之谈。而马蒂索夫所谓的"远程构拟""超级构拟""超级比较",都是一些耸人听闻、吸引眼球的"好高骛远"之举,因为他没有"从小处着手",这不是说他完全没有小的例证。问题在于这些例证远离语言的实际状况,是孤立的,是彼此缺少内在联系的,经不起系统性与历史性的检验,根本支撑不起一个"超级构拟"体系。所以我说"白保罗的亲属分类是建立在沙滩上的大洋楼"[2]。困惑不解的是,为什么许多头脑并不简单的人也很欣赏这样的"洋楼"呢?这不就是桥本说的"非常不幸"吗!朱德熙先生在《语言地理类型学·序》中赞扬桥本:"冲出了这种思想(指不关心历史)的藩篱,高瞻远瞩,一空依傍。"这样的评说,不值得我们仔细体会吗!老马同志,桥本也是"非中国学者",是外国学者,你能不能像"中国学者"一样,从这个"非中国学者"的著作中学点什么呢!

---

[1] 张琨主讲、张贤豹记录《中国境内非汉语研究的方向》,原载《幼狮月刊》四十卷六期,1974年12月。收入瘂弦主编《中国语言学论集》,幼狮文化事业公司,1977年。

[2] 见《语言学论丛》第二十九辑,第14页,商务印书馆,2004年。

谦虚,永远是学者的美德,傲慢与偏见是要付出代价的。

5. 张琨提出"要对民族史方面进一步研究",这肯定是他个人长期实践的总结,也是一个具有全局意义的方向性问题。也就是说,我们应朝着这个方向努力。百余年来,史前民族(这个概念并不准确,姑且从众用之)史的研究与史前语言史的研究,平行而不交叉,这对史前语言研究者来说是极大的损失。在这个问题上,我们毫无理由去责怪白保罗、马蒂索夫等人,中国史前语言研究者有无可推卸的责任把二者结合起来,这是我们自己的事,我们应该做好。当然也欢迎外国学者从事这种性质的研究,但中国人对自己祖先的了解毕竟具有各种优势。汉语没有形态(或者说形态不发达),历史比较法很难用得上,可汉语有极为丰富的民族史资料,这些资料也涉及到许多兄弟民族,我们为什么不利用自己特有的优势去研究语系、语族的历史呢?这座内容丰富的宝矿,何日能得到有效开发?当然,民族不等于语族,但语言是民族的徽章,民族是语言的安身立命之地。梳理考证史前族群的兴起、变迁,语系、语族的基本轮廓也就呈现出来了。俞敏的《汉藏两族人和话同源探索》(1980年)、邢公畹的《汉藏语系研究和中国考古学》(1996年)就可以为证。这两篇文章我读过多次,很赞同两人的基本观点和立论方式。我认为这是近二三十年来史前语言史研究中两篇最值得推崇的文章,不是说完美无缺,句句可信,而是他们经过深入反思之后,走出困境,开辟了一条新的途径。

6. 必须抛弃线性模式、垂直整合的构拟方法。

各家对汉藏语同源词的对比构拟,谬论花样百出,方法大体一样,不外乎以上古音为基点,分别与藏缅语、侗台语、苗瑶语,有人还加上南岛语,进行直线比较,垂直整合,这种变化观早已过时了。

美国社会学家(也称之为"未来学家")阿尔文·托夫勒(Alvin Toffler)在为伊·普里戈金[①]、伊·斯唐热合著的《从混沌到有序》一书所写的《前言:科学和变化》一文中说:

> 普里戈金和斯唐热主张,机器时代的传统科学倾向于强调稳定、有序、均匀和平衡。它最关心的是封闭系统的线性关系,其中小的输入总是产生小的结果。
>
> ……
>
> 普里戈金的范式之所以令人感兴趣,就在于它把注意力转向了现实世界的那些方面:无序、不稳定、多样性、不平衡、非线性关系(其中小的输入可以引起大的结果)以及暂时性——对时间流的高度敏感性。
>
> ……
>
> 总括起来简而言之,他们主张当宇宙的某些部分可以像机器那样运转时,这些部分就是封闭的系统,而封闭系统至多只能组成物质宇宙的一个很小的部分。事实上,我们感兴趣的绝大多数现象是开放的系统,它们和它们周围的环境交换着能量和物质(人们还会加上信息)。生物系统和社会系统肯定是开放系统,就是说,企图用机械论的方法去认识它们,是注定要失败的。

[①] 伊里亚·普里戈金为比利时著名科学家,"耗散结构理论"的创建者,荣获1977年诺贝尔化学奖。

这一点说明,现实世界的绝大部分不是有序的、稳定的和平衡的,而是充满变化、无序和过程的沸腾世界。①

语言,无疑属于开放系统,即使已经停止发展的古代语言,它曾经也是开放系统,也是有序与无序并存,稳定与非稳定并存,线性与非线性并存。线性观点,完全忽略了语言组织内部的不平衡性,忽视了外在环境的交换作用,忽视了空间的差异性,尤其是忽视了时间之流在语言发展中的极为重要的地位。如果以一千年作为时间单位,语支内各方言之间会产生与扩大各种差异,语支与语支之间的差异肯定会进一步扩大,语族和语族之间的差异会大大多于相同点。何况现在的语族,起码已有四五千年的独立发展历史,自身已经过多次重组,互相之间的影响也从未停止过,线性模式、垂直整合的结果,能反映或接近原始面貌吗?这简直是常识性错误。

桥本万太郎也极力反对直线模式。他说:"他们理论上假定什么等质的原始体,从而把语言史看成是一条直线的发展。笔者虽然早就批判地指出,语言史的此等描写纯属虚构。但是认识到上古汉语和中古汉语之间存在比时代差别更大的区域差别、性质差别,则是最近几年的事(例如张琨《中古汉语语音和切韵》,《清华学报》第10卷第2期)。"②盈按:张琨的"原始系统",张贤豹将其整理列为下表③:

---

① 见《从混沌到有序》,第9—10页,曾庆宏、沈小峰译,上海译文出版社,1987年。
② [日]桥本万太郎著,余志鸿译《语言地理类型学》,第20页,世界图书出版公司,2008年。
③ 张贤豹《张琨教授古音学简介(代序)》,见张琨著,张贤豹译《汉语音韵史论文集》,台北联经出版事业公司,1987年。

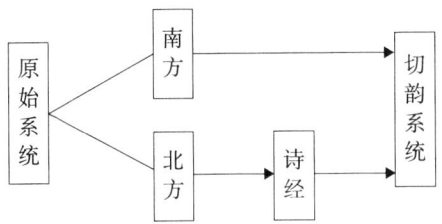

桥本所说的"区域差异"即南北之别。按张琨的研究,《切韵》系统与《诗经》并非单线发展关系,"凡是《诗经》系统无法解释的《切韵》类别,应该能从原始系统得到解释"(张琨语)。张琨的结论摆脱了"一条直线的发展"模式。

线性模式不仅不适用于语言研究,也不适用于历史研究。加拿大学者赫伯特·马歇尔·麦克卢汉(Herbert Marsshall Mcluhan)说:

> 对于史学著作里封闭系统的无益性,谁也不如厄舍尔(Abbot Payson Usher)那样清楚。他在经典著作《机械发明史》里,说明这样的封闭系统无法和历史变迁的事实产生联系:"远古的文化不适合德国历史学派提出的社会经济演变的线性模式……如果抛弃发展的线性观念,老老实实地用多线并进的过程来看文明的发展,就可以取得很大的成就。我们就可以更好地了解,西方文化史是一个由许多分离的成分递进整合的过程。"①

---

① [加]埃里克·麦克卢汉、弗兰克·秦格龙编,何道宽译《麦克卢汉精粹》,第155页,南京大学出版社,2000年。

鉴于线性模式、垂直整合在语言研究中一直占主流地位,很难冲破,故特意在此介绍一下桥本、张琨、厄舍尔等人的意见,希望有更多的年轻人共同努力改变这一局面。

7. 我跟詹姆斯·马蒂索夫教授的"分歧",根源究竟何在?果如马氏所言,是什么"中国学者与非中国学者"或者说是"中国学者与西方学者"的"分歧""冲突"吗?这种观念太陈旧,也太庸俗了。这完全是西方殖民主义时代鲁迪亚德·吉卜林(Rudyard Kipling, 1865—1936年)的东西方观。在全球化的今天,这种东西方观早已被扫进了历史的垃圾堆。

我和马教授的"分歧",实属哲学思想、认识论的不同。我从年轻时开始,就牢固地确立了以批判性思维为根基的认识论。检验学术主张、理论的唯一标准是事实。也就是说,一切概念、结论或假设都要经过事实的验证。而这个"事实"本身也要经过验证。所谓"事实",必须是真实存在过的,是有内在联系的,是有特定历史背景的,无论是偶然的还是必然的,是普遍的还是特殊的,简单的还是复杂的,是有序的还是无序的,都是特定演变过程中的产物,而不是个别人的观念的产物。

马教授的认识论与我大不相同。他是概念重于事实,从先验的立场出发,把不同层次的未经严格检验的语言事实聚集在一起,建立所谓的"谱系";他甚至还向我们鼓吹什么"偶像",简直到了不可思议的地步。他批评我的"文章具有不友好的调子",因为我根本就藐视"偶像";又说我的"论证也有严重的问题",是因为我否定了他的先验模式。这就是"分歧"的实质所在。如果我也向他的"偶像"三鞠躬,那当然就太"友好"了;如果我也吹捧他的先验模式,那当然就什么"问题"也没有了。可我的认识论不允许我这么做。真对不起啊,我的马教授,我可不是"唯马首是瞻"的人!更不是傍"远来和尚"以自衒的"牛后"之徒!

我的批判性思维,首先用于检讨自己、批判自己,这就是我所要的反思。反思即"启蒙",所谓启蒙,也首先是用来"启"自己的"蒙",我从来讨厌以教训他人为务的"启蒙家"。当我步入生命的晚年时,对语言史问题有过三次大反思。

第一次大反思是以建立汉语语音通史大框架为对象。反思的结果写出了《汉语语音通史框架研究》,过了若干年之后发表于2003年《民俗典籍文字研究》第一辑。此文明确提出了"散点多线式框架"。横向的空间分区构成"散点",纵向的时间分系构成"多线",将时空两轴整合为一个多层次多向度的大框架,才可比较真实地反映原本的发展面貌。在写这篇文章时,我还没有读过阿伯特·佩森·厄舍尔的那段名言,可发展观几乎惊人的一致。我在此文"提要"中断言:"用'一线'来谈发展是不可信的,应该是'多线'发展。"[①]我的这个理论得到许多同行的赞同。他们不仅将此理论用于自己的研究,也用来指导自己的研究生。我相信,"线性模式、垂直整合"的方式,必将渐渐远离研究领域,因为事物总是多元的,一元发展观完全是人为的、先验的,根本无法反映充满变化、交互影响、丰富多彩而又极其生动的客观世界。

第二次反思以历史比较构拟学说为对象。我认为在某些人建

---

① 何九盈《语言学丛稿》,第78页,商务印书馆,2006年。

立的分类体系中,构拟成了符号游戏,且有泛滥成灾之势,将本来就基础很脆弱的史前研究引入歧途,于是发表了《汉语和亲属语言比较研究的基本原则》。细心的人可以发现,我的题目不是《汉藏语系语言比较研究的基本原则》,不完全是因为"汉藏语系"的分类面临种种困境,而是我个人对"汉藏语系"这个概念就有保留,就有很大的怀疑。尽管由于主客观方面的原因,我未说出自己的保留、怀疑,但我在题目用词的选择上是经过严肃思考的。

这篇文章的主要结论,我至今仍然认为是不可动摇的,历史将会有中肯的评价。马蒂索夫教授的《回复》,正好说明此文击中了"胡闹"者的痛处,这就是不小的收获。现在写的这篇序文,又对马教授的《回复》谈了许多看法。我愿与之隔洋论剑,随时准备认理服输,我甚至对李学敏说过:我打算将生产这篇小序的斗室临时命名为"独孤求败庵"。但剑有剑道,论剑就是论剑,若又要出动什么"远程××""超级××",对不起,恕不奉陪!

第三次反思是以"汉藏语系"研究为对象。这个领域由于严重违背了研究不同的语言要采取不同方法这一根本原则,盲目搬用研究印欧语的形态学比较法,虽成果很多,也很热闹,但真正能经得起检验的有说服力的贴近历史真实的体系,几乎没有。取得空前成就的是田野调查,正因为调查研究做得好,才能产生《中国的语言》(孙宏开、胡增益、黄行主编)这样的伟著。至于史前语言史的研究。至少存在四个盲点。

1. 对于人类历史上普遍存在过的新石器时代革命缺乏研究。1841年6月2日,维克多·雨果在《入选法兰西学院院士的演说》中说:"五千年来,一切收获始于犁刀,一切文明始于战争。"① 他用"犁刀"和"战争"概括了新石器时代革命的两大特点。农业经济革命与战争的兴起,为语言的分化、组合,为语言地理线的创建、改变,营造了新的环境。人类社会也随之出现了大分化。这就是阿尔温·托夫勒(Alvin Toffler)在《第三次浪潮》中所说的:

> 在长达几千年的历史中,当第一次浪潮文明(著者认为其"年代大约开始于公元前八千年")占统治地位的时候,世界人口可分为"原始的"和"开化的"两类。所谓原始的人,都是小伙群居,结成部落,以采集野果和渔猎为生,他们是被农业革命所忽略过去的人。
>
> "开化的"世界则明显不同。他们是世界人口的大多数,是以耕作土地为生。凡是农业兴起的地方,文明就在那里扎下了根。从中国到印度,到贝宁和墨西哥,在希腊和罗马,各族文明历尽盛衰,此起彼伏,连绵不断的相互冲突而又丰富多彩的彼此融化。②

划分"原始"与"开化"的条件,除了经济基础这个主要条件,相应的条件还有文字、政权、城、天文知识、意识形态等。语族的形成,族

---

① [法]雨果著,程曾厚译《雨果散文》,第125页,人民文学出版社,2008年。
② [美]阿尔温·托夫勒著,朱志焱、潘琪、张焱译《第三次浪潮》,第71页,三联书店,1984年。

群的"相互冲突""彼此融化",语言的"盛衰",都离不开这些条件。

如果我们对中华大地上的"开化的""原始的"不同族群一无所知时,我们如何判断某语族与某语族是接触关系,某语族与某语族是亲属关系?仅仅根据现状或词典是无法对新石器时代的语言情况说三道四的。

新石器时代那场持续了数千年之久的大革命,决定了民族、语族发展的命运,其影响一直贯通整个历史。语言和语言关系史的研究,必须从新石器时代说起。至于新石器时代以前的语言情况,当然也可以研究,应该研究,但目前还缺乏有力的证据。

2. 自从疑古派当道以来,人们普遍认为,五帝时代只是一个神话,一个传说,不承认确有其人,真有其事,不仅对《山海经》《左传》《国语》等书中那些有高度史料价值的资料置而不问,甚至对司马迁经过亲自调查研究写成的《五帝本纪》也持怀疑态度,这真是端着金饭碗讨饭吃。即使考古文化已确证新石器文明确有一个五帝时代,某些人仍然相信那些头脑简单的分类、那些经不起检验的胡闹构拟。为什么?没有勇气摆脱陈见。

3. 不少出身于少数民族的专家学者,经过自己独立的研究,将本民族的历史追溯到伏羲时代,神农炎帝时代,蚩尤时代,颛顼时代,但构拟派似乎根本不感兴趣。他们不相信,华夷原本是一家。

4. 汉语中有一定数量的从新石器时代传下来的化石词,意义很隐蔽,其原始含义甚至在甲骨文时代即已失传,而在某些远古时代流传下来的地名、人名或图腾名称中,深深隐藏其原始的本来的文化基因,但不经过考证、不经过与亲属语言对比就无法揭示曾经有过的、其所以得名的理据。总之,原始化石词与亲属语言的对比研究,意义甚大,难度亦甚大。不具备相当的知识条件,难以揭其奥秘。

从上述四个方面入手,我写出了《重建华夷语系的理论和证据》,总结了第三次反思的成果。但这只是一个初步的纲领性的意见,具体语族的细化研究,那是下一步应做的事。

百余年来,汉语和亲属语言关系的研究未能走上正轨,主要原因有四:一、疑古,二、崇洋,三、概念不切实际,四、方法尤为不切实际。

《重建》一文,从这四种困境中奋力挣脱出来,自铸概念,新开法门,纵横古今,上下求索,终于自成体系,成一家之言。我为自己庆幸,白首衰年,求得真知,彻底放弃了"汉藏语系"这个概念。我亦诚惶诚恐,等待"舍我熊掌,食彼马肝,土苴百王,粃糠三古"[1]者的谴责、挞伐。

赫拉克利特(Heracleitus)的名言是:"争论乃万事之父。"[2]

古希腊另一位著名哲学家说:争论的目的"不在使别人改变看法,而在于求得真理"[3]。

如今,"争论"的文字汗牛充栋,维护真理,"求得真理"的有多少?灾梨祸枣、别有用心、挟私攻讦、打口水仗的又有多少?这中间就有哲人与庸人之别。谁是哲人,谁是庸人,就看他如何对待真理以及对真理有无贡献了。

---

[1] 王国维《国学丛刊·序》(代罗叔言参事),甲寅(1914年)五月。
[2] [德]马夸特著,任国强译《与苏格拉底散步》,第205页,湖南师范大学出版社,2004年。
[3] [古希腊]柏拉图著,王太庆译《柏拉图对话集》,第601页,商务印书馆,2005年。

上面说到的三篇反思性质的文章,有两篇作为"特稿"刊登在《民俗典籍文字研究》上,真得感谢王宁、黄易青先生为学术发展的一片公心。

《重建华夷语系的理论和证据》,承蒙商务印书馆慨允出版单行本(内容有修改,文字有增有删),得到周洪波、包诗林两位先生的全力支持,特志于此,以示铭感。

何九盈

2015年5月于北京独孤求败庵

壹 总论:何谓华夷语系

"华夷语系",作为一个独创的学术概念,并不是人为的主观的规定,它是中华语言经历了数千年的历史演变自然而然形成的。古人当然不可能有"华夷语系"这样的语言概念,而对华夷诸集团的区分是很清楚的。

《淮南子·齐俗训》说:"三苗髽(zhuā)首,羌人括领,中国冠笄,越人劗(jiǎn)发。其于服一也。"

这是西汉时期认定的中华大地上的四大集团。"三苗"即苗蛮集团,"羌人"即羌戎集团,"中国"指中原地区的华夏集团,"越人"即百越集团。

这里没有"东夷",因为东夷集团在五帝时期已经分化了;也没有"北狄",北狄语族在战国时期已消失了(关于北狄语族的消失问题,下文将有详细论述)。

本文所提出的"华夷语系",包括四大语族,即苗蛮语族、百越语族、羌戎语族、华夏语族,与《淮南子·齐俗训》的分类是一致的。我要特别强调一点,"三苗""羌人""中国""越人"之类的名称,都是一定历史条件下的产物,它们并不是同一个时代产生的。在旧石器时代,部落繁多,语言繁多,没有相应的族群,当然也就没有相应的语族。语系、语族得以产生的原因很多,而战争是诸多原因中最重要的原因。是战争把他们分成了不同的集团,又是战争使这些集团不断瓦解,不断重组,不断扩大,最后在新石器时代中晚期形成了《淮南子·齐俗训》说的四大集团。

四大集团中文化最先进、实力最强大的为黄帝集团。据说"黄帝五十二战"[①]。《史记·五帝本纪》也说:"天下有不顺者,黄帝从而征之,平者去之,披山通道,未尝宁居。"

在五十多次战争中,其中有三大战役最为重要。第一大战役"与炎帝战于阪泉之野,三战,然后得其志"[②],"轩辕战涿鹿,杀两昊(一作"皞")、蚩尤而为帝"(《盐铁论·结和》)。"杀两昊"为第二大战役,杀蚩尤为第三大战役。三大战役奠定了四大语族的基础。

黄帝伐炎帝的结果,炎黄二集团分裂。羌戎族就是以炎帝部族为基础发展起来的,华夏族就是以黄帝部落为基础发展起来的。

黄帝杀二昊的结果,是黄帝集团占领了东夷地区。二昊集团大分化,有的演化为华夏族,有的向东南逃遁,演化为百越族群。

黄帝杀蚩尤的结果,是蚩尤部落南逃,演变为三苗集团。直到舜禹之时三苗集团仍很强大。

真正意义上的战争始于新石器时代。漫长的旧石器时代,各游群组织,在广袤的大地上,随意东游西荡,向大自然索取生存资料,与草木鸟兽打交道,没有理由也没有条件发动战争。新石器时

---

① 《隋书·炀帝纪下》,大业十年二月隋炀帝《三征高丽诏》,中华书局,1973年。又,《太平御览》卷79引《帝王世纪》作"凡五十五战而天下大服"。又,《贞观政要》云:"黄帝与蚩尤七十余战。"(本文所引《史记》《汉书》《后汉书》《晋书》《宋书》《魏书》《隋书》均系中华书局出版,以下出版单位不重复出注。)

② 《史记·五帝本纪》,第3页。

代不同了,农业生产发展起来了,为土地,为水利,为盐业,为劳力,为宗教,为争夺统治权,各族群之间随时都可以发动战争。

春秋时期,楚国的风胡子将战争的发展依兵器的性质不同而划分为四个阶段。"轩辕、神农、赫胥之时,以石为兵。""至黄帝之时,以玉为兵。""禹穴之时,以铜为兵。""当此之时(指春秋时期),作铁兵,威服三军,天下闻之,莫敢不服,此亦铁兵之神。"(《越绝书·越绝外传记宝剑》)

"以石为兵"发生在新石器时代前期,战争的主体为轩辕、神农、赫胥三大古老集团。轩辕即后来的黄帝集团,"以玉为兵"的"黄帝"不能理解为轩辕以外的另一个集团,这个"黄帝"是轩辕集团发展过程中最杰出的一个代表人物,对"玉"的崇拜是这个时代的重要特色;神农即后来的炎帝;赫胥集团是伏羲的母系氏族,口传历史中称之为"二昊"的氏族与赫胥氏有血缘关系;禹属于铜石并用的新石器末期与国家组织、世袭制度开始形成的初期。至于"铁兵",则已经完全脱离原始社会而是往后数千年间王权战争、民族战争的常规形式了。前三个阶段都属于新石器时期。

战争与语言的关系有两点最为重要。一是使"语系""语族"得以形成,二是改变原始语言的自在状态用武力划定新的语言地缘界线。

在新石器时代早期,在中华大地上,族群之多、语言数量之多,今人已无从确知,若说数以万计,肯定不算夸张。而"以石为兵"只列举了轩辕、神农、赫胥这三大集团,是因为这几个集团在战争中胜出,人多势众,雄踞一方。他们所使用的语言已由血缘小范围扩展到地缘大范围。正是这三大集团奠定了原始华夷语系的根基。到新石器时代晚期,语言地缘界线大致上已经明确,也就是四大语族已基本形成。冀州(指《禹贡》中所说的冀州)是华夏语的发祥地,青甘高原是羌戎语的生长地,荆州两湖地区是苗蛮语的形成地,东部沿海地区是百越语的中心地。但在距今三四千年前后,地缘对三大夷语族还只有相对的意义,外压和内斗的矛盾促使他们不断迁徙转移。潘光旦在1963年的日记中就多次谈到百越族的迁移、分布情况。

五月十六日

摘录《竹书纪年》资料片约20张,于百越从东海岸向南海岸移动一事,自觉有所发现。①

五月二十日

东北有百越之迹,似愈看愈不太隐约,与山东半岛可以比拟,两地海路,自必远古即已相通也。②

十二月十九日

百越族之分布,远古亦曾至东北及朝鲜,有迹象可资推测,山东河济间更不待论。③

羌戎族、苗蛮族也无法避免长期迁移的命运,现在西南地区尤其是云贵高原聚集了众多的少数民族,有的属于土生土长,但多数是由东由西迁移过来的。

---

① 潘光旦《中国民族史料汇编·附录》,第483页,天津古籍出版社,2005年。
② 同上,第484页。
③ 同上,第486页。

以上两点决定了"华夷语系"是一个特定的历史概念。所谓"特定的历史"是指它的形成期相当于历史学上的传说时代,考古学上的新石器时代。离开新石器时代,"语系""语族"就失去了社会背景、文化背景,即使有非常精致的语音对比、构拟,也是没有历史支柱的空中楼阁。完全撇弃口传历史,"语系""语族"就只有一堆用于对比的语言资料,而看不到使用该语言的历史主人。

重建华夷语系的基础工作就是要请出该语系、该语族的历史主人。由历史主人进而确定语系内部的不同层次。如黄帝、炎帝两大氏族原本为兄弟,故华夏语、羌戎语关系最为密切,尽管前者属华,后者属夷。苗蛮语族的形成又与前二者不同,属于另一个层次,它的历史主人由三苗上溯到九黎再上溯到蚩尤再上溯到炎帝神农氏,还要加上"别三苗于三危",所以从历史渊源而言,它和羌戎语族的关系更亲于与华夏语族的关系。百越语族的历史主人原本是与炎黄二族并列、其文化贡献、历史影响又先于炎黄二族的"二昊"伏羲氏族群。由于黄帝杀二昊,他们成了被征服者,他们的语言在一定程度上被黄帝族语言渗透,再加上祝融族及夏禹后裔的介入,他们也成了华夷语系的一员。

语系、语族的历史主人,也是左右社会发展的历史主人。从新石器时代到夏商周三代,四大语族的主人经历了一个加减乘除的演变过程。他们的族群之内产生了严重的两极分化,紧跟农业社会步伐前进的变成了"华",停滞不前或发展极其缓慢的氏族、部落则成为"夷"。公元前8世纪周太史伯对司徒桓公友说:"姜、嬴、荆芈(mǐ),实与诸姬代相干也。"姜,炎帝后裔;嬴,少昊后裔;荆芈,祝融后裔;诸姬,黄帝后裔(这只是概乎言之,实则四大族群都杂而不纯)。将这条材料与前引《淮南子·齐俗训》对比一下,可以发现这样一个事实:羌人与姜,都是炎帝之后;越人与嬴,都是少昊之后;三苗与荆芈、祝融比较特殊,荆芈为祝融之后,而三苗并非祝融之后,不过,徐旭生说:"(祝融)虽出于另外的集团,但是由于他到苗蛮集团做首领,苗蛮自然受他的影响,而他及他的后人的风俗习惯大部分也要同化于苗蛮,也是一种不可免的情形。"[1]中国与诸姬不能画等号,因为《淮南子》时代的"中国",不仅包括了"诸姬",就是600年前桓公友说的姜、嬴、荆芈等方国也全是"中国"人了,也就是都属于华夏语了。

这样一对比,我们发现了一个有意义的事实:华夏语内部的方言(也可以视为语支)与华夷语系的语族有对应关系。

荆芈语(后来的楚方言)对应苗蛮语族

嬴语(后来的吴越方言)对应百越语族

姜语(后来的秦陇方言)对应羌戎语族

诸姬语(后来的中原雅言)对应华夏语族

二者可以对应的原因就是同一族群有的在华,有的在夷。如在华的羌人操姜语,在夷的羌人仍保持原有的羌戎语。在发展过程中双方都会朝不同的方向演变,姜语会向华夏语靠拢,羌戎语也会在迁移中受周围其他族群的影响。

这里要注意一种矛盾现象,即封君的语言与受封领地的语言不一致。如嬴秦的祖先原本属于东土徐地,而封地却在西土,属于羌戎语族。这些少数统治者受羌戎语的包围,不能不放弃原来的徐州语言,彻底西化。如战国末期,秦昭王之母宣太后,本楚人,姓

---

[1] 徐旭生《中国古代的传说时代》,第75页,广西师范大学出版社,2003年。

芈氏①。西羌的义渠王朝秦与之私通,生二子②。私通是不能带翻译的,这说明义渠王所操的羌语与秦地的姜语虽已很不相同,但互相迁就是可以对话的。

封君的语言与受封领地的语言有矛盾,有融合,也可以证明种族不等于语族。同一种族可以操不同语言,不同种族也可以操同一语言。这不等于说,种族和语族毫无关系。一般情况是:种族和语族具有同一性。在重建语系的时候,既要深入研究种族,又不拘泥于种族。

目前,涉及汉语与亲属语言的"语系"学说,可谓林林总总。我们提出重建华夷语系,不是凑热闹,也不是要刻意标新立异。我很坦率地说,这是积累了多年的心愿,也有很明确的针对性。

20世纪80年代,分子生物学家提出了"线粒体夏娃"的理论,用基因数据研究语言的起源和扩散。研究者断言:

> 华夏56个民族和东亚、东南亚各民族都是由南亚语系的先民分化出来的,因为他们身上都带有M122的突变。③

"华夏56个民族",有的属于印欧语系,如俄罗斯族、塔吉克族;有的属阿尔泰语系,如乌孜别克族、塔塔尔族、哈萨克族等,能说他们"都是由南亚语系的先民分化出来的"吗?在常识上也说不通吧。如此武断,实属外行。

---

① 《史记·秦本纪》,第209页。
② 《后汉书·西羌传》,第2874页。
③ 《DNA的秘密:北京猿人不是华夏祖先?》,《新京报》2005年5月10日。

还有人断言:"这一切显示人口是逐渐从南而北迁移",所以"中国的北方人""他们是南方人的后裔","黄帝是传说中在公元前3000年左右统一各部落的共主……但黄帝却是更早几千年前从东南亚迁移北上的现代人的后裔。"①这类耸人听闻的无稽之谈彻底颠覆了以往关于语系、语族研究的全部成果,也彻底否定了传统的中国文明起源史。

然而,基因寻根终究敌不过考古寻根。20世纪80年代考古寻根也取得了前所未有的好成绩,中国文明起源的研究进入了一个崭新的阶段。口传历史由于得到考古文明的印证,早已被埋没的资料重新显示其应有的价值。对于研究史前语言史的人来说,不应该对颇有影响的基因寻根的语言起源论再保持沉默了,这是我提出重建华夷语系的第一个原因。

2014年3月26日,《光明日报》登了一则《关于面向国内外举办"蚩尤像"征稿启事》,对蚩尤与苗族、与中华文明的关系有如下断语:

> 苗族是我国历史最悠久的民族之一,其先民可以追溯到5000年前生活在黄河和长江中下游九黎部落集团,蚩尤为该部落集团最高首领。从流传数千年的苗族传统文化记忆及各种汉文献记载中我们可以得出正确的结论:蚩尤既是中国古代最具影响力的杰出历史人物之一,又是中华文明的伟大创

---

① [美]史蒂夫·奥尔森著,霍达文译《人类基因的历史地图》,第122页,三联书店,2006年。

始人之一。

这个断语是有文献为据的,细节上可能有分歧,但苗族与华夏族属于同一语系,早已有明确定论。可是,20世纪有一个美国人名叫P. K. 本尼迪克特的写了一本《汉藏语言概论》,经另一个美国人J. A. 马提索夫编定,又经乐赛月、罗美珍两位先生于1984年译为中文。在中国语言学界引起了一定的反响。因为《概论》所建立的汉藏语系不仅排除了壮侗语,也排除了苗瑶语。在2007年的一次"关于藏缅语研究的对话"中,马提索夫仍然坚持:汉语和苗瑶语之间的关系是接触关系,非亲缘关系[①]。我很不赞同这样的观点,这是我提出重建华夷语系的第二个原因。朱德熙先生提出:"用独立的眼光去研究汉藏语系语言"[②],"重建"的"眼光"是否"独立",至少没有像马提索夫那样奉白保罗为"历史语言学研究中的灵感来源和偶像"吧。因为我起码有独立的历史眼光。

李方桂最早将汉藏语系分为四个语族,马学良主编的《汉藏语概论》继承和发扬了这个四分格局,我个人也很赞同这样的分类。《重建》的分类看似和李氏一样,实则有两点原则性的不同。一是出发点不同,李氏的分类是从当代各族语言的现状着眼,我的分类是从原始时代各族的分合着眼。前者在于描写、对比,后者的目的是语言寻根。由于出发点不同,对语系、语族的命名也随之而别。"汉藏"作为语系名称实有欠缺,"汉"与"藏"是两个族称,它们并不

[①] 《汉藏语学报》第2期,商务印书馆,2008年。
[②] 见《汉藏语概论·序》,北京大学出版社,1991年。

能代替苗瑶、壮侗。我用"华夷"作为语系名称,因为从古以来,凡是与"华"文化、语言、习俗、制度有别的族群,不论中外,全都可以称之为"夷"。"夷"原本无贬义,而且"华""夷"可以互变,故中国内部的"华""夷"的的确确原本是一家。至于语族名称,我用"华夏""羌戎""苗蛮""百越",都含有深远的历史感,与寻根的目的正好相应。另外,"汉语"和"华夏语"虽说一脉相承,二者却不能等同;"羌戎"与"藏缅"更不可等同,而"羌戎"的丰富历史内涵以及对国内与之相关族群的全面覆盖,都是比较理想的。

语系、语族研究,原本属于史前语言史的范畴,属于语言寻根性质的研究。基于这一立场,我提出了重建华夷语系,这是第三个原因。

我这样谈问题,完全不是要否认已有的研究成果,而是要立足于已有的研究成果,另辟蹊径,给这个领域增添另一道风景。为达此目的,我提出了一种理论预设及三证合一的研究方法。

我的理论预设是什么?一言以蔽之:华夷原本是一家。

"三证合一"是什么?即口传历史、亲属语言、考古文化,三种证据,互相支撑,互相印证。

三证的交会点,要落实在社会形态、生产技术、文化观念、区域差异、地理特征、原始战争等方面。具体而言,原始的氏族名、部落名、地理名(如山名、河名、行政区划名等)、人名、器物名、神灵名、鸟兽名、草木名,其中往往隐藏着原始时期传下来的重大信息。这类信息就是语言密码,破译这类密码,我们就能意想不到地获取命名者的语言、文化观念以及他们与同时代、同地缘的其他氏族、部落之间的关系。

这样的方法从原则上摒弃那种全景式的根本无法验证的从西方抄袭来的所谓原始语音构拟的方法。我当然不反对构拟学说，而迄今为止，还没有任何一种构拟模式能走出自话自说的狭小学术圈，这的确是一大教训。逯耀东说，在陈寅恪眼中，以夸诞之人治经学，往往"譬如图画鬼物，苟形态略见，是能事已毕，其真状之果肖似与否，画者与观者皆两不知也"[①]。现在某些"原始汉藏语"的构拟亦如"图画鬼物"，"果肖似与否"，作者与读者亦"两不知也"。

下文就对理论预设及三种证据分别论述，把我的基本观点说出来。

---

① 转引自王震邦著《独立与自由——陈寅恪论学》，第223页，上海人民出版社，2011年。

贰 理论预设:华夷原本是一家

一、何谓"一家"?就是说,"华"与"夷"原本有共同的原始祖先,共同的原始语言,当然也都是中华大地上土生土长的原始居民。

我国现有的56个民族,有土生土长的原始居民的远裔,也有数千年前就不断从远方迁徙过来的、非土生土长的原始居民的后裔,他们一直保留自己的语言、习俗、文化特征。这两种后裔,在政治上已属于"一家",属于不可分割的中华大一统,而从语言系属来分类,前者属于"华夷语系",后者则非华夷语系。也有语系暂不能定的中间状态。属于华夷语系的有藏语、彝语、景颇语、缅语、羌语、侗台语、苗瑶语等,其中包含29个民族。属于非华夷语系的语言有俄语、塔吉克语、维吾尔语、哈萨克语等。高山族语、京语等,属于暂不能定的中间状态。

二、"华"与"夷"是二元结构,与"一家"的"一"互相矛盾。这种矛盾是如何形成的呢?从原始状态而言,是先有"华"还是先有"夷"呢?是"华"衍生出"夷"还是由"夷"衍生出"华"呢?

17世纪的王夫之(1619—1692)已经有这样非常了不起的认识:

> 中国之天下,轩辕以前,其犹夷狄乎!太昊以上,其犹禽兽乎!

……太昊以前，中国之人若麋聚鸟集，非必日照月临之下而皆然也，必有一方焉如唐虞三代之中国也。既人力所不通，而方彼之盛此之衰而不能徵之，迨此之盛则彼之衰而弗能述以授人，故亦蔑从知之也。①

依王夫之的看法，原始社会的发展经历了三个阶段。黄帝（名曰轩辕）以前的中国，跟"夷狄"一样，处于无文字无礼义的原始状态；太昊以前的中国人跟禽兽一样，处于蒙昧混沌状态彼此或盛或衰，多元独立，发展亦不平衡，但"蔑从知之"；唐、虞、三代之中国人已有别于"夷狄"属于文明礼义的"华"人了。

时代断限正确与否，略而不计。脱离"犹禽兽"阶段，进入"犹夷狄"阶段，再由"夷"衍生出"华"，这是历史事实。征之史实，二昊时代、炎黄时代，"华""夷"这样的对立即使已经存在，但"华""夷"这样的称谓是不存在的。由人人都是"夷"渐变为有的氏族在衣冠、器物、礼仪等方面高于"夷"、别于"夷"，在意识形态、对天、地、人、神的认识水平方面，文字符号方面，语言精密方面，都出现了文明大进步、大革新，于是号称为"华"或"夏"的氏族、部落，一枝独秀，登上了历史舞台，一直延绵、发展至今。

至于衍生的原因，王夫之当然不得其解。这是一个极其缓慢的过程。这一过程的开头始于一万年前的新石器时代，衍生的契机是农业大革命的出现，农业革命为"华""夷"之别设置了分水岭。在北中国，这场革命的发生地以中原地区最为突出，唐、虞、三代在

---

① 《思问录·外篇》，第73、74页，中华书局，2009年。

中原地区造就了一个先进的核心文明,成为"华"(夏)族向四方扩散、发展、开拓的重要根据地。

华夏文明以多种形式向四方辐射,于是,与东夷西戎南蛮北狄的对立就越来越突出。事实是:文明程度远远高于四夷的华夏族终归要占上风。孟子总结说:"吾闻用夏变夷者,未闻变于夷者也。"(《孟子·滕文公上》)孟子以前的数千年文明史,从总体来看就是一部内容非常丰富的"用夏变夷"史。变的内容很多,而第一等重要的是变夷语为华言。这里所说的夷语很复杂,对华夏族而言,一切要经过翻译甚至是多重翻译才能听得懂的语言都是"夷语"。黄帝时代、夏禹时代都号称有"万国"之多,商汤初期有三千余国,周朝初年还剩下一千二百国。当时所谓的"国"有的只是一个小小的部落,有的是方国,他们所操的语言不一定与华夏语有大的差别,但差别甚大不能互相交流的"夷语"肯定数量很大,古代的翻译工作者也就产生了。可是,到了战国末期,"凡冠带之国,舟车之所通,不用象、译、狄鞮,方三千里"(《吕氏春秋·慎势篇》)。"方三千里"之内用不着翻译,这是一个极其伟大的社会文明进程。正如高诱注文所言:"华夏之盛明",故"不用象、译、狄鞮也"。

华夏语的发展、壮大过程,也就是"夷语"萎缩、被融化的过程。春秋、战国时期,数百年间,从北到南,从西到东,不知道有多少"夷语"在中华大地上消失了,已经无法考证。

三、农业社会的出现,为华夷划出了最初的分界线,在此后数千年的历史进程中,这条分界线不断地在改变、在重组。故华夷之分始终具有相对性,不存在恒定不变的绝对性。也就是说,既没有纯粹的华种、华语,也没有万古不变的"夷种""夷语"。无论是炎黄子孙,还是二昊子孙,蚩尤子孙,九黎、三苗子孙,祝融八姓后裔,无不有在华者,有在夷者。冯承均曾"得下一公例:'凡历史种族皆为杂种。'"①顾颉刚也说:"中国各民族经过了数千年的演进,早已没有纯粹血统的民族。"②与没有"纯粹血统"的"杂种"相应的就是语言的交融、混合,从而没有一种语言始终保持原始状态"纯"而不"杂"。

  为什么人类各族群注定要变为"杂种"呢?原因大抵有三:一是和平演变。为了寻找新的水源、牧场或耕地,氏族、部落或部落联盟集体大迁徙,建立新的统治区域,与新地的土著居民逐渐融合,成为新的族群。经过千百年的演变,他们的语言已与原来的母语发生种种差异,乃至自成体系。二是因特大自然灾害而发生演变,如尧舜时代的大洪水,氏族、部落、部族、方国发生大转移、大迁徙、大协作、大融合,许多旧的群体在灾难中瓦解、没落,而重新组合起来的新的群体应运而生,华夏族群的发展、壮大,也与洪水的包围、切割有关。"州"这个概念的出现,地理"州"的划分,标志着族群由血缘发展为地缘、由小国寡民发展为大的联合体。"天然人种,动物学方面的人种"早已不复存在,"文化人种"也就是"混合人种、历史人种、社会学方面的人种"登上了历史舞台(冯承均《唐代华化蕃胡考》)。三是战争、流放所造成的演变。这方面的原因最为重要,可以说是"杂种"、语言混合的主要原因。黄帝和蚩尤大

---

① 《唐代华化蕃胡考》,原载《东方杂志》二十七卷十七期,后收入《冯承均西北史地论集》,第118页,中国国际广播出版社,2013年。
② 《顾颉刚自述》,收入《世纪学人自述》第一卷,第25页,北京十月文艺出版社,2000年。

战,舜禹对三苗之战以及舜流放"四凶",都引发了种族、语族的大变动。每次战争,战败一方都面临三种命运,一是被杀,二是被俘,三是被流放。被俘者的语言被同化,被流放者就不一样了。如"四凶"分别流放于东南西北,他们的族群就分别与北狄、南蛮、西戎、东夷相结合,他们的任务是要"变"四夷,在"变"夷的同时自己的语言、文化也不能不变,新的蛮夷之国,新的语言变种也就在"变"的过程中产生了。春秋时周王朝的内史过说:"犹有散、迁、懈慢而著在刑辟,流在裔土,于是乎有蛮夷之国。"(《国语·周语上》)可证"蛮夷之国"的产生,往往是流放者与土著民共同经营的结果。

所谓"裔土"之"裔"也是一个相对概念,不能用后世的边界观念来理解。王夫之说:"《春秋》所书戎狄,皆非塞外荒远控弦食肉之族也,其所据横亘交午于中国之溪山林谷,迁徙无恒,后世为流民、为山寇,皆是也。泽、潞以东,井陉以南,夹乎太行、王屋,赤白狄也;夹淮之数,淮夷也;商、雒、淅、邓、房、均,戎蛮陆浑也;夔、巫、施、黔,濮人也;汉、川、秦、鞏、姜戎也;潜、霍、英、六、光、黄、随、均,群舒也;宣、歙、严、处,岛夷也;其后以郡县围绕,羁縻而附之版图之余。而人余于地,无以居之;地余于人,因而不治;遂以不务耕桑、无有定业而为流民,相沿数千年而不息。"①文中所提到的赤白狄、淮夷、戎蛮陆浑、濮人、姜戎、群舒、岛夷,他们上与华夏族有共同的原始祖先,下与后世之兄弟民族有密切关联,根本不是什么"流民""山寇",他们之所以生活于"溪山林谷,迁徙无恒",固然与生活习性、生产条件有关,但华夏族的驱逐、追杀是更为重要的原

---

① 王夫之《读通鉴论》卷十二,第365页,中华书局,1975年。

因。在长达数千年的古代社会中,华夷关系一直很紧张。祖国大好的"溪山林谷"限制了各类夷人族群的发展,也为他们的生存提供了天然的保护屏障,延缓了语言华化的进程。我们今天还能利用活的语言资料研究史前即已形成的华夷语系,由溪山林谷形成的道道屏障,作用甚大。

现在的青甘云贵川湖广,"溪山林谷"之地,仍然分布着众多的兄弟民族。回溯新石器时代,他们中绝大多数的远祖曾参与中原地区、江淮平原、荆扬两州的开拓。苗族远祖蚩尤为炎帝族系,与黄帝族群有血缘关系,都属于原始华夏语系。蚩尤族群能争雄于冀州之野,可见是一个相当强势的集团,涿鹿一战大败于黄帝族群;其后裔九黎族企图东山再起,又大败于颛顼;九黎后裔三苗第三次复仇,最后败于舜禹之世。所谓"别三苗",就是切割分流,有的"别"至西羌,有的流窜至南方,然后分别与当地土著结合。苗族的生性勇武强悍,不屈不挠,颇得蚩尤风。

如今的壮侗族群也是华夏语系的重要组成部分。这个族群的构成并非单一体,有少昊氏的仓吾等部族,也有祝融氏的后裔,还有夏禹的后裔,他们结合于不同时代、不同地点,由东海之滨向南流徙,又与华夷语系之外的土著结合,形成了同中有别的多个语言分支。

国外某些研究史前中国语言的专家,大谈苗瑶、侗台与汉语只是接触关系,而非亲缘关系,缺乏起码的历史证据,只立足于片面的语音对比,完全昧于历史事实,结论当然不可信。

叁　证据之一：口传历史

所有来自原始社会的古老族群，几乎都有两种历史。一是口传历史，一是文字历史（无文字者当然不在其中）。

口传历史又可分为两类：一类只停留在口头，代代相传，经久不衰；一类是文字产生之后，将口耳相传之史写进书面文字，形成文字化的口传历史。本文用来证明华夷语系的口传历史就是指这种有书本为据的口传历史。这些书本包括《易》《书》《左》《国》《史记》《山海经》《世本》《竹书纪年》《水经注》等书中的口传部分史料，还有秦汉子书中来自远古的史料，以及与经书相表里又备受非议的纬书中的某些史前资料。

华夏族的文字历史，从甲骨文算起不过三千多年，而口传历史其下限以甲骨文之前为界，其上限即使从伏羲、女娲算起也在万年以上。所以口传历史的重要性，尤其是在华夷语系研究中的重要性是任何其他材料无法比拟的。亲属语言比较研究可以确定同源关系但无法断代，考古文物可以断代却难以确定其族群属性。口传历史的时代、族属一般是明确的，危险在于真实性、科学性如何，价值究竟如何。近百年来对于这批资料有人提出了种种质疑，甚至于从根本上加以否定，原因就在于此。具体而言，一是材料本身矛盾重重，二是所谓的一元史观。诟病的焦点在大一统帝王世系。

诟病基本上是从事实出发,问题不在事实,而在于今人如何用原始时代的视觉、思维方式、历史观念来正确理解、解读这些事实。

在漫长的口耳相传过程中,在口传历史经过不同时代、不同地区、不同利害关系的人将其写成书面文字之前之后会脱离原样,这是正常的。欧阳修据此断言:司马迁、《大戴礼》、《世本》诸书之谱系"何其谬哉"!后人变本加厉,判定这些谱系全是虚构的,进而认为"旧日中国境内并无所谓夏朝"①,也不存在禹这样的人。"商、周言语并不同一"②,"周族确来自西北,他们所说的委实是拼音之语"③,各类肆意胡说应时而生。P.K.本尼迪克特在《汉藏语言概论》中说:"可以认为周朝人可能操某种汉—藏语言,后来这种语言融合或渗入到商朝人所操的非汉—藏语言之中。"④这类怪论很有教训意义。谱系虽有某些谬误,而一脚踢开谱系,根本置谱系于不顾,就不是一个"谬"字所能了结的,简直是数典忘祖了。

在口传历史中,世系,也就是所谓的谱系,是最原始、最基本、最重要的口耳相传之学,是一切原始氏族知识的根基,也是迄今为止华夏语系中各民族最为普适的共同意识:归宗认祖。段伶在《怒族》这本小册子中记述了这样的史料:怒族中的蜂氏族和虎氏族的共同祖先孟充英,到1949年前后,已传承了64代,而且将64代祖先的名字一一列举出来⑤。中国社会科学院民族研究所于1963

---

① 岑仲勉《黄河变迁史》,第82页,中华书局,2004年。
② 同上。
③ 岑仲勉《西周文史论丛·序言》,商务印书馆,1958年。
④ 《汉藏语言概论》,乐赛月、罗美珍译,第181页,中国社会科学院民族研究所语言室,1987年。
⑤ 段伶《怒族》,第14页,民族出版社,1991年。

年10月出版的《怒族简史简志合编》中说:"碧江县第九行政村怒族老人能够背诵41代家谱。"①这个老人的脑海中储藏了一部千余年的家族史。又据《寻根之路》云:住在甘孜州九龙县的纳木依人"有90代的世系"②。1985年,宋兆麟在四川凉山冕宁县西番地区搜集到有近百幅图的《指路经》,是巫师念给回归祖居地的亡灵听的。"在亡灵回归祖居的路上,每到一处,都绘有当地的某个景物。巫师根据景物,讲出一定的故事来,以此告诫亡灵应该怎么办、如何走。"③这"一定的故事"当然就是他们的历史,根本不可能是任意编造的。

"人生代代无穷已",华夷语系诸族的子孙们,千年万载,何时忘记过:我们从何处来的"寻根之路"。没有了谱系,也就没有路,还寻什么根! 语言之根跟谱根是连在一起的。

寻根情结,寻根文化,早已形成了传统,形成了历史。据《春秋命历序》载:炎帝、黄帝、颛顼、帝喾都有数百年上千年的世系,这都是部族有口传历史的确证。

周敬王十年(前510年)卫大夫彪傒对周之单穆公说:"玄王勤商,十有四世而兴。帝甲乱之,七世而陨;后稷勤周,十有五世而兴,幽王乱之,十有四世矣。"④

春秋时,鲁襄公二十四年,晋国正卿范宣子说起他们的宗族氏

---

① 中国社会科学院民族研究所《怒族简史简志合编》,第7页,1963年。
② 宋兆麟《寻根之路》,第67页,学苑出版社,2004年。
③ 同上,第50页。
④ 《国语·周语下》,第145页,上海古籍出版社,1978年。(以下出版单位不重复出注。)

系:"自虞以上为陶唐氏,在夏为御龙氏,在商为豕韦氏,在周为唐杜氏,周卑,晋继之,为范氏。"(《国语·晋语八》)

上述记载都为文字历史之前的史料,这类史料无不源于口耳相传的历史。

从各种记载可以推断:自原始氏族产生之后,随着祖宗崇拜意识、血缘意识的兴起、强化,氏族中专门负责谱系记忆的历史老人就产生了。担负这一历史记忆的人,或是族中长老,或是巫师,或是部落酋长。他们除了有强大的、持久的个人记忆能力,或借助结绳,或借助契刻,或借助原始图画,让谱系世代相传,延绵勿替。直至发生重大变故或毁灭性灾难,此氏族、此部落、此族群彻底瓦解,不复存在。

这一传统,在文字历史时代还得到保存。

《国语·鲁语》言"工史书世。"

《周礼·春官·瞽矇》说:"讽诵《诗》、《世》、奠系。"(有以"世"字属下者)

《周礼·春官·小史》:"掌邦国之志、奠系世。"

《大戴礼·卫将军文子篇》:"卫将军文子问于子贡曰:'吾闻夫子之施教也,先以《诗》《世》。'"

这四条材料中的"世"均为世系谱牒之意。跟《诗》一样,是教科书,要"讽诵"牢记。陈梦家指出:"古本口诵之学,但后世已有书传之本。"①

如果没有史前时代的口传历史,没有谱牒这样的"口诵之学",司马迁如何能读到黄帝以来的"谍记"呢!

---

① 陈梦家《六国纪年·汉初及其前的纪年材料》,第198页,中华书局,2005年。

司马迁说:"余读谍记,黄帝以来皆有年数。稽其历谱谍终始五德之传,古文咸不同,乖异。"①

司马迁读到的"谍记"当然已是"书传之本",是用战国之前或战国时代的"古文"写成的。由原始时期的口耳相传到周秦时代变成"书传之本",这完全是由以语言为载体到以文字为载体所造成的媒介形式的革命性大转变,而决不能认为这些晚出的"书传之本"是战国时代伪造出来的,从而得出结论说:"古史是层累地造成的。"而司马迁所说的"乖异"又如何解释呢?当然不能排斥后起的"终始五德"的干扰。用五行(木火土金水或金木水火土)理论来裁剪修理世系,构建一个人为的主观的帝系框架,不仅与实际情况有"乖异",就是构建起来的不同框架也会存在"乖异"。《史记·五帝本纪》是一个系统,而东汉后期的王符在《潜夫论·五德志》中又构建了另一个五帝系统,这两个框架就大相"乖异"。依王符系统,"则舜无娶曾祖姑之嫌,而稷、契皆非尧弟……于理为近也"②。

这里要注意的是:用"五"来构建系统,纯属削足适履,但不等于说这些"帝"的存在及其所作所为全是虚构的不可信的。解散"五"的系统,存其人,取其事,去伪存真,这类来自原始时期的口传资料仍然是无价之宝,一语千金,是我们研究华夏族及华夷语系的极为珍贵的资料。

在论述口传历史对史前文明的研究价值时,不能不谈及大一统帝王世系的史料性质和意义问题。

---

① 《史记·三代世表》,第488页。
② 俞樾语,转引自彭铎《潜夫论笺校正》,第384页,中华书局,1985年。

应该说,对大一统帝王世系的质疑、批评,由来已久,而"大一统"观念彻底被摧毁则始于20世纪80年代。决定性的人物有两个:一是苏秉琦先生,一是费孝通先生。前者在80年代初"正式提出了考古学文化的区、系、类型理论","并相当准确地把我国境内主要的新石器文化(含部分青铜文化)划为六个大区和概括为面向海洋和面向内陆两大片"①。后者在80年代末发表了《中华民族的多元一体格局》。所谓"多元",从现实而言包括50多个民族在内,从历史而言就是"大混杂、大融合"②。

在"五帝"时代当然不可能有什么"大一统",对"大一统"远古历史观的否定,肯定华夷在历史上都发挥过重要作用,这样才能再现历史本来面目。但如果进而认为"五帝"只不过是些神话人物,《五帝本纪》之类的著作乃神话故事(不排斥其中有某些神话成分),这就是在性质上歪曲了传统历史。既不符合司马迁的原意,也不符合苏秉琦的理论原则。

其实,"大一统"历史观的出现、存在,乃至处于独断地位,这本不足怪。迄今为止的历史,几乎都是胜利者的历史。虽不能说胜利者一定就伪造历史,但抹杀他者的历史,有意隐瞒他者的历史,将一切文明创造记载在自己的历史账簿上,这是一种本能。失败者、落荒而逃者的历史往往因无文字记载而消失,因语言的消失而消失,因族群的被同化而消失,他们的原始状态只能从胜利者的功

---

① 俞伟超《本世纪中国考古学的一个里程碑》,收入苏秉琦《中国文明起源新探》,三联书店,1999年。

② 费氏此文收入《中华民族多元一体格局》,中央民族学院出版社,1989年。

劳簿上得到歪曲的碎片式的反映。没有关于黄帝的本纪,我们就不知道炎帝、蚩尤,没有尧、舜、禹的传说,我们就不知道三苗以及其他一些传说人物、族群。对于没有文字或文字产生很晚的夷方族群来说,他们的人文始祖在哪里,他们从何而来,华夏族的远古传说中不乏蛛丝马迹。所以,无论研究"夷"也好,"华"也好,"华夷语系"也好,口传历史这座富矿是不会让你失望的。前人的经验可以为证。先以傅斯年为例。傅氏对口传历史有过深入系统研究,发表过影响深远的《夷夏东西说》,此文结论未必全都可信,而取材多为口传史料,可证他对口传史料之重视。在《〈新获卜辞写本后记〉跋》一文中对口传史料有直接评价。他认为《左传》《国语》中"记载古代族姓国家的分合,至多也不过很少的一部分是汉时羼人的,现在若把《左传》《国语》中这些材料抄出,则显然可以分为两类。大多的一类是记载族姓国别的,例如上文所引《郑语》中的一节;甚少的几段记古帝之亲属关系,例如黄帝子廿五宗,受姓十四人之类。上一类是记载民族国姓之分别,乃是些绝好的古史材料;下一类当是已经受大一统观念之影响……我们如果略去这些,则《国语》《左传》中记载古代民族的说话,实是些最好的材料了"。另一位古史专家徐旭生(原名炳昶)也说:"无论如何,很古时代的传说总有它历史方面的质素、核心,并不是向壁虚造的。"[①]王国维的意见也许更值得重视:

夫《山海经》一书,其文不雅驯,其中人物,世亦以子虚乌

---

① 徐旭生《中国古代的传说时代》,第24页,广西师范大学出版社,2003年。

有视之。《纪年》一书,亦非可尽信者,而王亥之名竟于卜辞中见之,其事虽未必尽然,而其人确非虚构。可知古代传说存于周秦之间者,非绝无根据也。①

细玩王氏这段写于1917年的文字,再比较一下民国年间古史研究领域一些耸人听闻的所谓新说,我们就能辨别谁是谁非、应该何去何从了。

20世纪80年代,的确是一个文化学术很有创新精神的年代。在华夷语源关系的比较研究中,1980年俞敏发表的《汉藏两族人和话同源探索》一文堪称典范之作。《探索》一文告别了已往"循环论证"的方法,转向以口传历史资料为依据。认为"上古史料(盈按:实为口传历史)反而可以倒过来给比较语言学提供语言亲缘的证据。这个方法简直是创新。这一点,连我自己在着手搜集本文材料以前也是完全没有料到的"。

他这篇论文的预设目标是:"要是咱们能用史料证明汉、藏两族原是从一个母系氏族派生出来的,语言同源就得到坚如磐石的根据了。"我认为他基本上实现了自己的目标,得出了几个重要的结论。如:

姜(羌)跟姬两个部族说的是一种语言的两个方言。

用姜(羌)、姬做骨干,吸收了别的部、姓的血液,形成一个统一的"华夏族"。

---

① 《殷卜辞中所见先公先王考·王亥》,《观堂集林》卷第九,四页,总416页,中华书局,1959年。

同时,他还注意到:武王伐纣时,在军队面前做了一个演说(《尚书·牧誓》),"在当时听讲的联军里就有羌人……而且他们听话不用翻译。到五百八十年以后的鲁襄公十四年的《左传》里,羌戎氏……"抱怨"言语不达",这里的"言语不达"是指方言的分歧比原先大点儿了。

我要补充说明的是:羌、姬说的"是一种语言",这种"语言"还不等于后来的华夏语,应属于原始华夷语的初步分化阶段,所以羌人"听话不用翻译"。到了鲁襄公十四年,也就是晋悼公十五年(前559年)时,华夏语早已独立,华夷矛盾也相当突出,不只是"语言不达","我诸戎饮食衣服不与华同"(《左传》襄十四年姜戎氏语),"诸戎"已是与华夏大别的独立族群了。所以他们的"言语"恐怕不是"方言的分歧比原先大点儿",而是已成为与华夏语相并列的羌戎语族了。

从炎黄时代的同一母语到商末周初的"两个方言"再到春秋时期的两语"不达",这中间起码有两千多年的演变过程。

我以为俞敏的研究方法是很有前途的[①],可以用于华夷语系的重建。只此一法,显然不够,加上亲属语言、考古文化三者共证,在方法上就算完善了。

---

① 俞氏此文收入《俞敏语言学论文集》,第204页,商务印书馆,1999年。

肆　证据之二：亲属语言

建立语系的基本目标是要确立彼此之间的亲属关系，凭什么判断其亲属关系，靠的是同源词。印欧语系的重建已证明，这是行之有效的好办法。我们要重建华夷语系，同样可以借鉴这样的方法。我所说的"借鉴"，是取其精神实质，而非模仿、照抄其形式。因为，汉语无形态（或者说形态不发达），汉字非拼音，要靠形态分析来建立原始的共同语音形式，根本是不可能的。至今我们大家一致认可的上古音系都还没有建立起来，遑论共同的原始语音形式。怎么办？在没有原始共同语音形式的情况下，我们也可以另辟蹊径。

经过多年研究，我发现：在两汉以上的古汉语中保存一批原始华夏语的底层词，它们也是华夷语系中的核心词。这些词产生于遥远的原始社会，存留于神话传说中，也有的一直存于口语中。某些存在于神话传说中的底层词，古人已不得其解，甚至在整个词义系统中也无从索解。这类华夏语中的语言化石，在某些亲属语言中确有信息可通，可证它们原本是一家。

下面我举四个方面的例子来做证。

华胥氏：伏羲氏的母亲。

嫘祖：黄帝的元妃。

黄帝女魃，海神若及其他。

卤盐：咸䴲。

先说第一例，华胥氏：伏羲氏的母亲。

伏羲，乃华夷诸族共同的人文始祖，虽不能视为最后定论，但论据是相当丰富的。伏羲与华夏族的关系就无须辞费了。伏羲与苗族的关系，人类学家、民族学家已有不少探索。闻一多在《伏羲考》中满有把握地说："我们已经证明了伏羲女娲确是苗族的祖先。"又说："伏羲与龙的关系是无可疑的事实"，"古代几个主要的华夏和夷狄民族，差不多都是龙图腾的团族"①。彝族学者刘尧汉认为："彝族十月太阳历，它始自彝族原始先民虎伏羲氏族部落时代"，"伏羲则是彝族远古先民羌戎的虎氏族部落名号或首领"②。另一位彝族学人阿苏大岭著有《破译千古易经——兼论彝汉文化的同源性》，作者在该书《前言》中说："伏羲是中华各民族最远古的共同祖先"，《易经》中某些字、词，"在彝文和彝族人的占筮活动中都可以找到这些字、词的原始含义。这些字、词在彝、汉文中，其读音、字义都有惊人的相同"③。他说的"读音""有惊人的相同"，我有所保留。"音"的比较不能以今音为据，只有古音层次上面的共同形式才是原始状态的近似反映。可阿苏大岭将彝汉族源追溯到

---

① 闻一多《神话与诗·伏羲考》，第52、53页，北京古籍出版社，1956年。
② 刘尧汉《彝族文化研究丛书·总序》，见刘尧汉、卢央著《文明中国的彝族十月历》，第5、10页，云南人民出版社，1986年。
③ 阿苏大岭《破译千古易经——兼论彝汉文化的同源性》，第1、4页，云南民族出版社，2008年。

原始社会的伏羲时代,这几乎是彝汉学人的共识。

肯定了伏羲氏这个氏族或部族与华夷诸族群的关系之后,下面谈论他母亲的文章才是有意义的、可信的。

《太平御览·皇王部》引《诗含神雾》曰:"太迹出雷泽,华胥履之,生伏牺。"宋均注:"雷泽,泽名。华胥,伏牺母。"

前秦陇西处士王嘉《拾遗记》卷一:"庖牺……所都之国,有华胥之洲。神母游其上,……历十二年而生庖牺。"

梁沈约撰《宋书·符瑞志上》:"赫胥、燧人之前,无闻焉。太昊帝宓牺氏,母曰华胥。燧人之世,有大迹出雷泽,华胥履之,而生伏牺于成纪。蛇身人首,有圣德。燧人氏没,宓牺代之,受《龙图》,画八卦,所谓河出图者也。"其人为传说,其事则有神话成分。

华胥即赫胥,《庄子》两次出现赫胥氏,其中一次与容成氏、大庭氏、祝融氏、伏牺氏、神农氏等十二氏相提并论。说明当时氏族林立,各自发展,互有攻伐,甚至取而代之。

"华胥"是该氏族某一代最有声望的首领的私名,又发展为该氏族的共称。故《拾遗记》称之为"华胥之洲",《列子·黄帝篇》称之为"华胥氏之国"。伏羲氏族是从母系华胥氏族分离出来而独立成为父系氏族的,他们从秦陇高原出发,经过千百年数十代的不断东迁,一直到达黄河流域,在河西、河东、河内、河南繁衍生息,为中华早期文化做出了创造性贡献,所以许多涉及文化史的古今文献,都以伏羲氏作为开篇。我们重建华夷语系也以此为起点。

那么,伏羲氏使用的是什么语言呢?无疑要从他的母系华胥氏讲起。

华胥氏说的什么话,已无从考证。而"华胥"这个名称就包含着语言信息源。

在古文献中,"华胥"又写作"华苏","赫胥"也写作"赫苏"。明朝人张萱在《疑耀》卷七说:

> 古有赫胥氏,一曰赫苏氏。古苏、胥通。传谓"赫然之德为人胥附",故云。是胥为共义。又云:胥者,胥史之意,谓隆名不居,而以胥史自况也。未知孰是。①

所谓的"传谓"来自《庄子·马蹄》司马彪注。"胥附""胥史"二解都是望文生训,"孰"也不"是"。但"古苏、胥通"是完全正确的。正如"姑苏"即"姑胥"一样。二字均属心母,读擦音。

《辞源》《辞海》《汉语大词典》都收了"华胥",也都没有解释"华胥"得名之由。有一本《三皇五帝时代》提出了一种解释:

> 华胥之国,其地在疏勒河流,疏即胥。华胥氏族,原为华族与胥族两氏"合"而有华胥氏……
>
> "胥"的另一义是"丈天步地",主司日、月、星天纲天纪的行迹,并以绳索勒记识,故其居地名"疏勒"。②

此说未免过于大胆,牵强附会。"疏勒"为西域地名,乃译音词③。

---

① 收入《四库笔记小说丛书》,上海古籍出版社,1992年。
② 王大有《三皇五帝时代》修订本(上),第78页,中国时代经济出版社,2005年。
③ 可阅冯承均原编、陆峻岭增订《西域地名》,第45页,中华书局,1982年。

我以为,"华胥"之"胥"(或"苏")在古今汉语词义系统中已经变为化石,无法解读,而在某些亲属语言中,这个"苏"却是常用词。这种知识是20世纪90年代读李永燧先生的《说"诺苏"》一文悟出来的,当时颇为兴奋。李文说,"诺苏"之"苏""是人的意思,大家看法比较一致","其意义为'人',这是不容置疑的"。在亲属语言中也得到证明。他举了"傈僳""怒苏"语中的不少词例①。

后来读郑张尚芳的《蛮、夷、戎、狄语源考》又见到同样的论述。不过,他讲了"叟"的古音跟缅文"人"同②。我要补充的是:这个"叟"与《说文》"叟,老也"(即长老之称)之"叟"根本不是一个词。这个"叟"也是化石词,是属于原始华夷语保存在《华阳国志》中的底层词。"华胥(苏)"之"胥"或"苏"和"叟"的性质是一样的,我们用它来和彝语、怒苏语、傈僳语之"苏"相比较,不算唐突吧。结论是:"华胥(苏)"就是"华人"。这个"华人"不是现代意义上的"华人",而是崇拜太阳的人。"华"与"赫"都是太阳光辉的意思。英国人类学家爱德华·泰勒在《原始文化》中列举了古代东西方许多崇拜太阳的族群,"对太阳的崇拜是它的全部复杂宗教的中心点","最高的神灵"③。古代文献中确定"太昊"就是伏羲氏族,因为伏羲氏族从母系华胥氏继承了太阳崇拜的传统,"少昊"的得名亦由此而来。而且以伏羲、太昊、少昊代表东方,其缘由正如泰勒所揭示的:

---

① 《说"诺苏"》收入《民族语文论文集——庆祝马学良先生八十寿辰文集》,第194页,中央民族学院出版社,1993年。
② 此文收入《郑张尚芳语言学论文集》下册,第747页,中华书局,2012年。
③ [英]爱德华·泰勒《原始文化》,第736页,连树声译,广西师范大学出版社,2005年。

> 谈到太阳神话和太阳崇拜的时候,我们看到,从太古时代起,关于具有光明和温暖、生命,幸福和光荣的思想之东方观念的联想,就深深地植根于宗教信仰之中;而关于黑暗和寒冷、死亡和毁灭的概念总是跟关于西方的观念结合在一起……
>
> 那个太阳没入的领域对早在蒙昧状态中的人来说就是西方的冥国,太阳升起的领域被描写为具有比较愉快色彩的神的东方寓所。①

与东西方对立的还有"阴阳"对立这一对古老的时空观念、哲学观念,也随着太阳崇拜而产生了。后世尊崇伏羲氏为"圣人",是因为从这个时代起,一种天、地、人合一的崭新思维观念从朦胧状态中萌生了。

由于运用亲属语言中的相关资料解开了"华胥"之谜,古文献中对"胥""谞""婿(壻)""象胥"等一批词的训诂就有了源头,追本溯源,无往不通。

《周礼·地官·闾师》叙官郑注:"胥,有才知之称。"②

《周礼·春官·大胥》叙官郑注:"胥,有才知之称。"③

《周礼·秋官·大行人》:"七岁属象胥。"郑注:"玄谓胥读为谞……谞谓象之有才知者也。"④

---

① [英]爱德华·泰勒《原始文化》,第734页。
② 孙诒让《周礼正义》,第643页,1987年,中华书局。
③ 同上,第1269页。
④ 同上,第2983页。

《周礼·秋官·象胥》叙官郑注:"通夷狄之言曰象。胥,其有才知者也。"①

《说文·士部》:"壻,夫也。读与细同。壻,或从女。"段注:"夫者,丈夫也。然则壻为男子之美称,因以为女夫之称。"为什么"或从",段注:"以女配有才知者,为会意。"②

所谓"有才知之称""女夫之称"都是"人"义的引申,都发生在华夏语从原始华夷语中独立出来之后。只有"象胥"之"胥"用的还是本义,郑注不确,理由下文再谈。

研究同源词,当然要从词的本身重建亲属关系做起,若仅止于此,还谈不上是铁证如山。所以,我们要追踪那个"华胥之国"。"华胥之国"如果是在东北黑龙江,或者在豫州的洛阳,上文说的可能就全是废话。

华胥之国在哪里?《列子·黄帝篇》给出了一个大范围:"在弇州之西,台州之北。""弇州"当因崦嵫山而得名,《辞源》说,此山"在甘肃天水县西。古代神话说是日入之处"③。"台"即"邰",古方国名。《诗·大雅·生民》:"即有邰家室。"这是周人始祖后稷的根据地,在今陕西省武功县西南。如果说,黄帝梦游华胥氏之国是神话,而华胥之国在秦陇高原这却是地理事实。

这一事实又增加了伏羲出生地在成纪的可靠性。

成纪在哪里?《史记·封禅书》说:文帝时"黄龙见成纪"。唐

---

① 孙诒让《周礼正义》,第2736页,1987年,中华书局。
② 段玉裁《说文解字注》,第20页,上海古籍出版社,1981年。(出版单位以下不重复出注。)
③ 《辞源》寅集山部,第0936页,1980年。

人张守节《正义》云:"成纪,今秦州也。"①唐代的成纪县属于陇右道。李吉甫的《元和郡县图志》卷三九云:"秦州,《禹贡》雍州之域。古西戎地,周孝王时(前897—888年),其地始为秦邑。"②在"成纪县"下云:"本汉旧县,属天水(汉代属天水郡)。伏羲氏母曰华胥,履大人迹,生伏羲于成纪,即此丘也。"③今人范三畏《旷古逸史——陇右神话与古史传说》又进一步考证,成纪在今之什么地方?他说:

> 成纪水今称治平河。该城址今已发现在静宁县治平乡刘河村东南一华里处,从地图上的位置来看,汉成纪县辖境约当今日静宁与通渭、秦安的一部分,面积达33.6万平方米。④

静宁县属于平凉市,通渭县属于定西市,秦安县属于天水市。三县紧邻,均属"古西戎地"。"古西戎"无疑来自远古的华胥氏、伏羲氏。我前文说:"象胥"之"胥"用的是"人"原始义,因为这个词应来自羌戎语,它的实际读音相当于"诺苏""怒苏"之"苏"。《周礼·秋官·象胥》的职责是:"掌蛮、夷、闽、貉、戎、狄之国使,掌传王之言而谕说焉,以和亲之。"这里把"象胥"当作东西南北驿员的总称了,这是演变的结果。《礼记·王制》的说法符合原始时期译员按方位

---

① 《史记》,第1382页。
② 《元和郡县图志》卷三九,第979页,中华书局,1983年。
③ 同上,第982页。
④ 范三畏《旷古逸史——陇右神话与古史传说》,第2页,甘肃教育出版社,1999年。

各有特定称谓的特点。"东方曰寄,南方曰象,西方曰狄鞮(dī),北方曰译。"① 为什么只有"南方曰象(胥)",而东方、北方、西方不以"胥"为名?因为数千年间,羌戎族,也就是华胥氏、伏羲氏的后裔不断地向云贵川等地迁徙,"胥"这个词的原始古义就在这些族群中保存下来了,所以南方的语言翻译工作者称为"象胥",正是本地特色。

至此,我们可以说,"华胥"作为一个概念虽不等于今之"华人",而华之为"华",无疑应从"华胥氏"讲起。

伏羲是中华民族的人文始祖,华胥氏则是我们这个民族共同的老祖母。

现在说第二例,嫘祖:黄帝的元妃。

要了解嫘祖,先得说一下她的丈夫黄帝。董仲舒《春秋繁露·三代改制质文》说:"是故周人之王,尚推神农为九皇,而改号轩辕谓之黄帝。"近代湖南平江人苏舆(1874—1914)在《春秋繁露义证》中指出:

> 《史记》伏羲以前九皇六十四民(盈按:这个"民"为原始华夷语留下来的活化石词,不能用今义来理解),并是上古无名号之君,则九皇之说,于古已有。但董不用"三皇"之说,以周推神农为"九皇",说有异耳。盖世远而号愈尊,故由"王"而"帝"而"皇",过此以往则"民"之矣。又据此知黄帝为周人追

---

① 《十三经注疏·礼记正义》,第1338页,中华书局,1986年。(以下出版单位不重复出注。)

谥，非本号。或造为"黄神"(《河图握矩》)、"黄云"(《春秋演孔图》)、"黄星"(《拾遗记》)等语以傅会者，妄也。黄帝以前尚有"九皇"，则以为中国族类肇于黄帝者，又妄也。①

清末另一位湖南人皮锡瑞(1850—1908)在苏舆之前也对董子此说有过阐述：

> 董子之说以为古天子生时皆称王，推前二代并为三王，推前五代为五帝，又推前九代为九皇。后人以夏、殷、周为三王，黄帝、颛顼、帝喾(kù)、尧、舜为五帝，皆沿周制言之。《旧汉仪》曰："祭三王、五帝、九皇、六十四民，皆古帝王，凡八十一姓。"（盈按：3＋5＋9＋64＝81）盖用董子之说。……据董子说，则黄帝乃周人追谥耳。此西汉今文说，东汉以后知之者尟(xiǎn)矣。②

董仲舒"以为古天子生时皆称王"，也是凭空臆断，不可信以为真。但皮锡瑞、苏舆断言"黄帝"一名乃周朝人所追封的谥号，不仅有"周人"之"改号"为据，司马迁在《五帝本纪》中也于无意之间露出了端倪。《本纪》说："有土德之瑞，故号黄帝。"司马贞《索隐》云："炎帝（指神农氏）火（德），黄帝土代之。"这就是说：炎帝、黄帝都是谥号。至今仍有人认为炎帝与神农氏为两个不同的族群，这是不

---

① 苏舆《春秋繁露义证》，第 199 页，中华书局，1992 年。引用时标点略有改动。又《点校说明》以苏舆为苏州人，大误。宋代曾将苏州改为平江府，但苏舆是清末人，点校者是知道的。杨树达《平江苏厚葊(苏舆之号)先生墓志铭》亦可为证。

② 皮锡瑞《今文尚书考证》，第 6 页，中华书局，1989 年。

明谥号与本号的关系所致。所谓火德、土德，又"帝"数限定为"五"，这完全是周人五德终始理论的实际运用。

黄帝"受国于有熊"，号有熊氏；"居轩辕之丘"，又号轩辕氏，有人认为"轩辕"就是"天鼋"；一说"黄帝受命有云瑞，故号缙云氏"；还有的记载说帝鸿氏也是黄帝的称号。这类传说，当各有所据。黄帝是一个很古老的氏族，在千百年的发展过程中，产生了许多分支，也产生了一些不同的族称，这是合乎规律的。我们现在要讨论的"黄帝"，是打败了炎帝、杀戮了蚩尤，是以嫘祖为元妃的这个黄帝，他究竟属于轩辕氏族的哪一代，已不得而知。炎帝即赤帝，这个与黄帝交战的"赤帝，指神农九世孙帝榆罔也"[①]。

交战双方的语言，我在前文已经说了应属于原始华夷语，既非后来的华夏语，也不是某种夷语，这并不是随便的主观猜测，探究一下"嫘祖"这一氏族称谓的来源可以证明我的猜测是有根据的。

炎黄二氏既是同母所出，又是婚姻偶族，同时，在一定条件下又是水火不相容的敌对势力。这三条用今人的观点来看有悖于事理逻辑，而五千多年前的新石器时代事实就是如此。三千多年前的春秋时期士大夫对此仍能娓娓而谈，并引以为据。晋大夫胥臣臼季（即司空季子）就对流亡于秦国的公子重耳上了这样一堂历史教育课。他说：

> 同姓为兄弟……昔少典娶于有蟜（jiǎo）氏，生黄帝、炎

---

① 《逸周书汇校集注》，第782页，上海古籍出版社，1995年。盈按：据谯周《古史考》、皇甫谧《帝王世纪》及《春秋命历序》载，炎黄神农氏占统治地位有五百余年，凡八世，榆罔即第八世，而不是第九世。榆罔氏亡，轩辕氏取而代之。

帝。黄帝以姬水成,炎帝以姜水成。成而异德,故黄帝为姬,炎帝为姜,二帝用师以相济也,异德之故也。异姓则异德,异德则异类。异类虽近,男女相及,以生民也。同姓则同德,同德则同心,同心则同志,同志虽远,男女不相及,畏黩敬也。①

所谓"用师以相济",就是互相交战,消灭对方。(徐元诰《国语集解》:"济,当为挤。挤,灭也。《传》曰:'黄帝战于阪泉'是也。")所谓"男女相及"就是可以互相嫁娶。"不相及"即不能通婚。按照这一婚姻制度,作为黄帝"元妃"的嫘祖氏无疑属于姜姓,属于炎帝族。

嫘祖也非私名,而是族称。这个开创了蚕桑业的氏族,即使不与轩辕氏联姻,也足以名垂万古。与黄帝结婚的当然只是该氏族中某一女子,这位女子对蚕桑业贡献尤巨,成为该氏族的杰出代表人物。以致人们可能误以为"嫘祖"之"祖"即"始蚕"之"祖"的意思,从未有人意识到,这个"祖"也是原始华夷语留下来的化石词,在古今汉语中已找不出相应的训诂资料。前人也试图解释这个"祖"。

清初马骕《绎史·黄帝纪》引《轩辕本纪》云:"(黄)帝周游行时,元妃嫘祖死于道,帝祭之以为祖神。"②《宋书·律历志中》引崔寔《四民月令》曰:"祖者,道神。黄帝之子曰累祖,好远游,死道路,

---

① 《国语·晋语四》,第356页。
② 马骕《绎史·黄帝纪》卷五,第68页,中华书局,2002年。按:袁珂《山海经校注·海内经》的一条注文也引用了这条材料,定《轩辕本纪》的作者为唐人王瓘。此说来自清代钱曾《读书敏求记·广黄帝本行记》提要。

故祀以为道神。"①《汉书·景十三王传·临江闵王荣传》颜师古注也以"纍祖"为"黄帝之子","好远游而死于道,故后人以为行神也"②。近人符定一对此说提出了批评:"亦不知其何据。盖见其谓之'祖',因以为'累祖',非也。据《帝系》及《本纪》皆言累祖黄帝妃,无为'行神'之由也。"③

清嘉庆年间郝懿行又自创新解。《山海经·海内经》云:"黄帝妻雷祖生昌意。"郝氏《笺疏》:"案:雷,姓也;祖,名也。"④以"雷"为姓,这不是他的"首创"。《集韵·脂韵》"嫘㒍"注:"姓也。黄帝娶于西陵氏之女,是为嫘祖。嫘祖好远游,死于道,后人祀以为行神。或作㒍,通作累。"《广韵》只说"㒍祖,黄帝妃,亦作嫘"。

对"嫘祖"的误解,从文献资料看,起码在汉代就已经产生了。误解的产生很难归因于后代解释者的无能,很可能在汉语的语境中第一个用汉字的读音来记录"嫘祖"这个名称时就已经不明白:"嫘祖"并非汉语词,而是史前华夷语留在汉语中的化石词,不能用汉族的姓名制度来解释。

因为非汉语词,所以第一个字"嫘"字的写法就有很多:累、嫘、纍、㒍、絫、儽、雷。"祖"只有一种写法,但我们若破除字形的束缚,因声求义,千古难破之谜就可迎刃而解了。《说文》以来的字书多收有"姐"这个字,"姐""祖"的音义属于同一来源。可以断言:"累

---

① 《宋书·律历志中》,第260页。
② 《汉书·景十三王传·临江闵王荣传》,第2413页。
③ 《联绵字典·示部》"祖道"条,午集265页,中华书局,1954年。
④ 《郝懿行集》第六册,第5020页,齐鲁书社,2010年。

祖"等于"累姐"。《后汉书·西羌传》："初，累姐种附汉，迷唐怨之。"①又："马贤又击斩其渠帅饥指累祖等三百级，于是陇右复平。"②前文作"累姐"，后文作"累祖"，意思一样。黄帝时代的"累祖"氏族，在汉代的西羌地区还有后裔。那么，正如华夏族是炎黄二氏的后裔一样，羌戎族同样是炎黄二氏的后裔，这是无可辩驳的。在语言方面，二者都源于炎黄二氏族，演变速度、程度，又大不相同。"累姐""累祖"就是很能说明问题的典型例证。在华夏语中，"累祖"早就变成了化石词，而在羌戎语中，直到汉代，"累祖"仍然用作部落称号。现在，我们看汉族字书中关于"姐"的释义，以及"姐""祖"的形、音关系，进而证实：亲属语言对于破译化石词的重要作用。

《说文·女部》："姐，蜀人谓母曰姐，淮南谓之社。从女且声。读若左。"段注："方言也。其字当蜀人所制。""社与姐音近。"③

《淮南子·说山训》："东家母死，其子哭之不哀。西家子见之，归，谓其母曰：'社何爱速死，吾必悲哭社。'"

高注："江淮谓母为社。社，读雒家谓'公'为'阿社'之'社'也。"

吴承仕《经籍旧音辨证·淮南子许慎高诱注》卷六云："《说文》：'蜀人谓母曰姐，淮南谓之社。'父母之称，每相施易，故雒家谓'公'为'阿社'。"④

唐兰《殷墟文字二记》："'且'于后世，盖通称于父母。《淮南子·

---

① 《后汉书·西羌传》，第2884页。
② 同上，第2984页。
③ 段玉裁《说文解字注》，第615页。
④ 吴承仕《经籍旧音辨证·淮南子许慎高诱注》卷六，第241页，中华书局，1986年。

说山训》注:'江淮间谓母为社,社读雖家谓公为阿社之社。'……社既为公母两方之称,'且'亦宜然。"①

《广韵·马韵》:"姐,羌人呼母。"兹野切。

《集韵·纸韵》:"姐,母也。"蒋氏切,音紫。

《集韵·哿韵》:"姐,母也。"子我切,音左。

《集韵·马韵》:"姐,子野切。《说文》:'蜀谓母曰姐,淮南谓之社。'"

又:"姐,慈野切。弥姐,羌族名。"

根据这些碎片式的资料,也可以看出"姐"在形、音、义演变过程中的基本脉络。

音的演变有两条线索。在华夏语中秦汉时期的共同语已无"姐"的音韵地位,而蜀方言还保存这个词,许慎"读若左",相当于后来《集韵》的子我切,"左"在上古音中属歌部。淮南方言读"社",属鱼部。段注判断"姐"为汉语方言词,而且说"社与姐音近",鱼歌二部关系密切,"音近"说可以成立。另一条线索是羌戎语。《广韵》的兹野切,《集韵》的蒋氏切、慈野切,说明羌人内部对"姐"的读音也有方音的不同。兹野切、慈野切,声母有清、浊之别,而"蒋氏切"韵亦有别。《汉书·冯奉世传》"彡姐"之"姐"颜师古音紫②,《后汉书·西羌传》"彡姐"之"姐",注亦"音紫"③。

统观"姐"在华夏、羌戎语中的音韵地位,均以鱼部为本位,或

---

① 唐兰文章见《古文字研究》第一辑,第61页,中华书局,1979年。
② 《汉书·冯奉世传》,第3297页。
③ 《后汉书·西羌传》,第2878页。

演变为歌,或演变为支。声母均以精母为本位,或演变为从母,或演变为禅母(禅母是晚于精、从的,为何演变为禅母,在此不能详说)。华夷同源,毋庸置疑。

从字形而言,祖、姐均从且。《史记·五帝本纪》《集解》引徐广曰:"祖,一作姐。"[①]姐与且亦同源。且,在卜辞、金文中均用作"祖妣"之"祖"。"且"加示旁为"祖"始于金文,"且"加女旁为"姐"就更晚了,可能在战国之世,而且正如段玉裁所言,乃蜀人所制的方言字。所以,"累祖"之"祖"原本应作"累且"。马长寿《碑铭所见前秦至隋初的关中部族·渭河以北各州县的羌民和他们的汉化过程》说:"弥姐亦作'弥且',为西羌大姓。"[②]《通志略·氏族略》"彡姐"作"彡且"。作"累且""弥且""彡且"不是也很能表义吗,为什么后来又造一个"姐"字呢?这跟字形表义的充分性要求有关,从女更能充分表示这个词的本来意义:"母也。"

其实,这个释义,若从"祖""社""姐"的演变历史来看,既不充分,也不完备。"累姐""彡姐""弥姐",《后汉书·西羌传》还有"牢姐""勒姐"等称谓中的"姐",当然不是指一个人的亲生母亲,她是一个氏族或部落中的女性长者,即母系社会的氏族酋豪、掌权者,然后用她的名字作为整个氏族、部落的称谓。"累祖"是一个母系氏族的称谓,嫁给黄帝的这个女子出身于累祖氏,后人就称之为"累祖",这是用共名来指称私名。在原始时期,女子只有族姓,并

[①] 《史记·五帝本纪》,第10页。
[②] 马长寿《碑铭所见前秦至隋初的关中部族·渭河以北各州县的羌民和他们的汉化过程》,第70页,广西师范大学出版社,2006年。

无私名。在华夏族中，某些方言称母亲为"姐"、为"社"，这是漫长演变的结果。《说文》："社，地主也。《春秋传》曰：'共工之子句龙为社神，周礼二十五家为社，各树其所宜木。'"这个"地主"之"主"指自然神，而母系社会氏族的酋豪也是掌握一方土地的主人，先有人主，才产生神主。氏族社会没落了，还称母亲为"社"，这一称谓证明"母也"曾是土地的主人。母系氏族没落了，父系氏族还继承"×姐"这样的称谓，因为"姐"已演变为掌权者的泛称。吴承仕已看出了这种演变，所以得出了"父母之称，每相施易"的结论。唐兰又指出："'且'于后世，盖通称于父母。"

"姐"（祖）演变为掌权者的泛称，在现代西南地区的羌戎族群中能否找到一定的证据呢？和士华《丽江与丽江人——纳西古籍中的星球、历法、黑白大战》说："纳西先民中有'主''吾''毕'……等称呼。纳西族的'主'即彝族的'兹'，意为首领。"[①]我以为这个"兹"与"姐"（音紫）在音义两方面都有关系，能否将二者进行对比？断定为同源词，还希望有关专家进一步研究，我在这里就算是提供一条参考性的资料吧。

在现代语言学家中，第一个将《说文》"蜀人谓母曰姐"与西羌之彡姐、累姐等种号联系起来考虑的是张清常先生。张先生在《〈尔雅·释亲〉札记——论"姐""哥"词义的演变》中说：

先秦蜀人呼母曰姐，是说亲属称谓。汉迄隋西羌有彡姐、

---

① 和士华《丽江与丽江人——纳西古籍中的星球、历法、黑白大战》，第267页，民族出版社，2002年。（出版单位以下不重复出注。）

荡姐、累姐、弥姐(弥且)等种族,是以母姓为称号。疑二者有联系。①

蜀地原本也是西羌族群居住之地,在传说历史中黄帝族群乃至后来的禹部落都与蜀地有关,他们的后裔有华有夷,他们的语言中呼母曰"姐",这是很可以理解的。"亲属称谓"由种族"称号"演变而来,这正是社会发展和姓氏发展的结果。

至于在"嫘姐"和黄帝元妃"嫘祖"之间建立联系,前人虽未明言,但姓氏诸书已有消息可寻。这种联系要分华夷两条线索来考察。前文已讲过,嫘祖也写作"纍祖",在华夏族的"纍祖之后"就简化为"纍氏"(见《通志略·氏族略》引《风俗通·姓氏》),在羌戎族中"雷姐"简化为雷氏。马长寿说:"复音的羌姓,……一般有单音化的倾向。简言之,即羌人的复姓多变为单姓。"②在他研究的十二幢渭北羌民造像碑铭中,题名者有不少为"羌姓的雷氏"③,如"下一代外甥二人皆姓雷,显然又是一个羌族姓氏"④。姚薇元《北朝胡姓考·羌族诸姓·雷氏》说:"南安雷氏,出自羌族累姐种,以种名首音为氏。"⑤"累姐"即"雷姐",要不,"首音"怎么以"雷"为氏呢?但他接着批评说:"后世子孙乃附会为黄帝妃嫘祖之裔。""附

---

① 先生此文最初发表于《中国语文》1998年第1期。收入《张清常文集》第二卷,第20页,北京语言大学出版社,2006年。
② 马长寿《碑铭所见前秦至隋初的关中部族》,第100页,广西师范大学出版社,2006年。
③ 同上,第79页。
④ 同上,第77页。
⑤ 姚薇元《北朝胡姓考》(修订本),第347页,中华书局,2007年。

会"说是不成立的。他的理由是:"惟姓氏诸书,仅谓雷氏为方雷之后,女为黄帝妃,生元(玄)嚣云,不言羌族有雷氏。其说盖本之《史记·五帝本纪》,讬为黄帝妃嫘祖之后。"[①]他忽略了一个事实,以往的"姓氏诸书"都是汉族修撰者所作,"不言羌族有雷氏",这不奇怪,因为他们对于羌族姓氏演变情况既无调查研究,也不在视线之内。而且,据《国语·晋语四》韦昭注:"方雷,西陵氏之姓。"[②]嫘祖即"西陵氏之子",故方雷即嫘祖之姓。清人张澍《世本》补注本亦说:"西陵氏姓方雷。故《晋语》云:'青阳,方雷氏之甥也。'纍通作雷。"[③]而青阳(玄嚣)正是嫘祖所生[④]。退一步说,即使韦注、张澍所言均不可信,也只能说同一雷姓有两个来源。华夏族的雷姓源于方雷氏,羌戎族的雷姓源于雷祖种,不存在谁是谁非的问题。

嫘祖作为黄帝的元妃,他们各自的氏族领地应该不会相距太远,语言也不会差别太大。《史记·五帝本纪》说:"(黄帝)北逐荤粥,合符釜山,而邑于涿鹿之阿。""与炎帝战于阪泉之野……与蚩尤战于涿鹿之野。"釜山、阪泉、涿鹿,其地都在古之冀州(即《禹贡》中所说的"冀州")。说嫘祖是冀州人,不会太离谱。若再说得具体一点,即桑干河流域。请出示证据。

在说证据之前,先交代一句。所谓"桑干",并非如《辞海》所言:"相传每年桑椹成熟时河水干涸,故名。"[⑤]《水经注》说:"谓之

[①] 姚薇元《北朝胡姓考》(修订本),第 348 页,中华书局,2007 年。
[②] 《国语·晋语四》,第 357 页。
[③] 《世本八种》张澍补注本,第 83 页,中华书局,2008 年。
[④] 《史记·五帝本纪》,第 10 页。
[⑤] 《辞海》,第 496 页。

桑干泉,即溹涫水者也。"溹涫"形容泉水翻滚沸腾,乃古词语,后世讹为"桑干"。"溹涫"一名可证当时此地水源丰沛,环境甚佳。在五帝时代,此地肯定是一片繁荣景象。可爱的桑干河,曾经是炎黄文明的母亲河!

《水经注·㶟水》云:"㶟水出雁门阴馆县,东北过代郡桑干县南。㶟水出于累头山……又东北流,左会桑干水。"

阴馆县故城在今山西省代县西北。桑干县在今河北省蔚(yù)县西北。考古发现,蔚县的泥河湾在二百万年以前就有人类在此生息,有"东方人类故乡"之称。

累头山即《穆天子传》之"雷首"。顾实《穆天子传西征讲疏》云:

> 雷首,即今朔平府马邑县之洪涛山。出雷水,即㶟水,今之永定河。其源出洪涛山,流至直隶天津府之大沽河,北入海,即桑干河是也……古雷累㶟三字同从畾声,既以一声而分为三字,亦复同声通用。首头二字古音亦双声通用。故雷首山即累头山,雷水亦即㶟水矣。①

在距今五千年前后,谁是冀州的主人?炎帝、蚩尤、黄帝……他们都是主人。尤其是炎帝神农氏,是这块土地的主要开拓者。那么,谁是雷首(累头山)、雷水的主人呢?我以为应是累祖氏族,他们属于神农氏的后裔,与后来的羌戎族群、华夏族都有密切关系。直到周穆王西征时,"觞天子于雷首之阿"的仍是犬戎胡。累祖氏族有

---

① 顾实《穆天子传西征讲疏》卷四,第230页,中国书店,1990年。

的向西,向渭河、秦陇高原进入蜀中;有的向东,顺着桑干河进入冀中腹地。雷首到底是因累祖得名还是累祖因累首而得名已难以说清,我们的目的是要揭示二者之间的联系。除累首以外,我们在燕山南北长城地带很难找到与累祖氏族有关的地名了。

现在说第三例,黄帝女魃,海神若及其他。

女魃是战胜蚩尤的特等功臣,要揭示"魃"这个词的原始含义,我们就要对蚩尤与炎帝、炎帝与黄帝、黄帝与蚩尤之间空前鏖战有所了解。

这场战争的意义何在?它在中国战争史上写下了开天辟地第一章,在中华民族多元一统的发展史上迈出了伟大而壮烈的第一步,在华夷语系形成演变的漫长过程中,战争是最为重要的一种催化剂。

这场战争究竟绵延了多少年,死了多少人,已不得而知。但规模之巨大及其残酷性均无前例可言[①]。保留在古文献中的某些片言只语,还可以使今之读者惊心动魄。

《逸周书·尝麦解》云:"蚩尤乃逐帝,争于涿鹿之阿,九隅无遗。"陈逢衡云:"九隅,九方也。无遗,言受荼毒,靡有孑遗也。"[②]

《庄子·盗跖》:"(黄帝)与蚩尤战于涿鹿之野,流血百里。"

贾谊《新书·益壤》:"故黄(本亦作"皇")帝者,炎帝之兄也。炎帝无道,黄帝伐之涿鹿之野,血流漂杵,诛炎帝而兼其地,天下乃

---

① 《贞观政要·政体》:"昔黄帝与蚩尤七十余战,其乱甚矣。"
② 《逸周书汇校集注》,第782页,上海古籍出版社,1995年。

治。"按:"杵"是"櫓"的假借字。《说文·木部》:"櫓,大盾也。"段玉裁注:"櫓或假'杵'为之。'流血漂杵'即流血漂櫓也。"[①]战争双方死伤者所流的血能把盾牌漂起来,死人之多可想而知。虽说是夸张之词,而这场战争的残酷性应该是历史事实。

后来的司马迁将涿鹿大战的残酷性与秦王扫六合及秦末战争相提并论。他说:

> 秦始皇之时……以兵灭六王,并中国,外攘四夷,死人如乱麻,因以张楚并起,三十年之间兵相骀藉,不可胜数。自蚩尤以来,未尝若斯也。[②]

司马迁距离蚩尤时代已有三千多年了,在口传历史中,蚩尤、黄帝、炎帝三大霸主的争夺战,是如此震撼人心,以至他回想近代那个"三十年之间""死人如乱麻"的残酷情景时,还忘不了拿蚩尤来做比喻。战祸恐怕不是蚩尤集团单独造成的,只不过失败者的声音在历史中已彻底消失,留下来的故事全是胜利者的独家报道。但蚩尤没有斗过女魃,遭杀身之祸,这无疑是史实。请看《山海经》有关女魃的记载:

> 有人衣青衣,名曰黄帝女魃。蚩尤作兵伐黄帝,黄帝乃令应龙攻之冀州之野。应龙畜水,蚩尤请风伯雨师,纵大风雨。

---

① 段玉裁《说文解字注》,第265页。
② 《史记·天官书》,第1348页。

黄帝乃下天女曰魃,雨止,遂杀蚩尤。魃不得复上,所居不雨。叔均言之帝,后置之赤水之北。叔均乃为田祖。魃时亡之。所欲逐之者,令曰:"神北行!"先除水道,决通沟渎。(郭璞注:"言逐之必得雨,故见先除水道。")①

这么一段很重要的记载,大概司马迁就已经不能理解了。《五帝本纪》介绍涿鹿之战时,根本就不提女魃其人。原因很可能就是他自己说的:"百家言黄帝,其文不雅驯,荐绅先生难言之。"②在人类学家、民俗学家、语言学家看来,这都是了解原始时期宗教、习俗、语词等方面的宝贵资料,都被司马迁当作"不雅驯"之文舍弃了。"荐绅先生"的文化局限性、知识局限性造成了无可挽回的损失。故傅斯年在《夷夏东西说》中不禁感概说:"可惜太史公当真不是一位古史家……求雅驯的结果,弄到消灭传说中的史迹,保留了哲学家的虚妄。"

《山海经》所说的这位女魃,既是与黄帝、蚩尤一样的活人,又是能与上天沟通的"神"。她的故事由两部分构成。在涿鹿之战的现场部分,使"雨止",这是她在使用巫术。那是一个神巫时代,黄帝、蚩尤都是统治者、大巫师,涿鹿之战是军事大会战,也是巫术大会战。他们相信巫术能呼风唤雨。一直到《元朝秘史》还有类似的记载。故事的第二部分,所谓"所居不雨",已与涿鹿之战的那个"魃"距离越来越远,这又是后世长期演绎、创造、加工的结果。

因此,"魃"这个词的原始本义与"魃"这个字的本义就有原则

---

① 袁珂《山海经校注·大荒北经》,第430页,上海古籍出版社,1980年。
② 《史记·五帝本纪》,第46页。

上的区别,尽管联系是有的。而且,它的原始本义在汉语中早已失传,在某些亲属语言中还保存,这是很有意义的一个例子。

"魃"在黄帝时代其本义是什么呢?我在纳西语中找到了答案。和士华说:

> 那时的军事民主制,用今天的话来说是一种政教合一的组织。首先,首长本人应会带兵打仗,又会组织祭祀活动。在进行祭祀活动时还有人帮忙。这种人在东巴经中被称为"毕"(py↓)和"扒"(p'a↓)。"毕"(py↓)译为祭师,后译为东巴。"扒"(p'a↓)很可能就是《山海经》等古书中说的女巫。在祭祀时还需要歌之舞之,以悦神感神。这些任务大概就由女巫来完成。①

和士华先生,纳西族人。我从他这段文字中受到启发、教益。认识到纳西族祭祀活动的"扒"和《山海经》的"魃"是同源关系。战胜蚩尤的那个"魃"似非一般"女巫",她的地位更尊贵,法术更权威,她完全是一个正面形象。正面形象的引申是:"羌人谓妇曰妭"②,《说文》:"妭,美妇也。""妭"应该晚于"魃",二者为同源关系。

可是,至少从《诗经》时代,或者更早一点,从"魃"字产生的那一天起,"魃"成了反面形象,由"神"变成了"鬼",由英雄变成了妖怪。请看《说文》关于此字的解释:

---

① 和士华《丽江与丽江人——纳西古籍中的星球、历法、黑白大战》,第92、93页。
② 《集韵·末韵》北末切"妭"字释义。

魃,旱鬼也。从鬼,犮声。《周礼》有赤魃氏,除墙之物也(段注:"'物'读'精物''鬼物'之物")。《诗》曰:"旱魃为虐。"①

与此相应的变化有:"妭,鬼妇。《文字指归》云:'女妭,秃无发,所居之处天不雨。'《说文》曰:'妇人美皃'。"(《广韵·末韵》蒲拨切"妭"字注)

《广韵》这条注非常客观,先引《文字指归》以证"鬼妇"释义,又引出《说文》以明其原来的意义。美恶兼收,非并列关系,而是由正面转化为自身的反面。词义的变化,可证文化的变化,可证事物的变化以及神怪观念的变化。

前文说涿鹿之战中的那个"天女"魃似非一般女巫,但在魃变为"旱鬼"之后,人们把遭受旱灾的罪责加到女巫头上来了。春秋时鲁穆公因天旱求雨"欲暴(pù)巫"(《礼记·檀弓下》),鲁僖公因大旱"欲焚巫"(《左传》僖公二十一年),这都跟"旱魃"留下的祸根有关吧。

现在,谈海神若及其他。

"若"也是华夷语系遗留下来的化石词。海神为何名"若"?这是从未彻底解决的一个问题,因为其原始含义已不得而知。

高亨在《文字形义学概论》中试图给出一个答案。他在讨论《史记·封禅书》"文公获若石"(依高亨断句)时说:"所谓'获若石'者谓得石鼓也,'若'字古有神灵之义,《楚辞·离骚》'析若木以拂日兮','若木'谓神木也。《庄子·秋水篇》有'北海若',谓

---

① 段玉裁《说文解字注》九篇上,第435页。

北海之神也。"①

高说"若"字古有神灵之义,这是完全可信的。问题在于"若"怎么会有"神灵之义"呢?在汉语中无据可寻。而亲属语言为我们解决这一问题提供了依据。

李永燧《说"诺苏"》一文说:

> "诺"为黑义(由于尚黑,兼有崇敬的词义色彩,并引申出"大"义)。
>
> 总之,"诺苏"这一自称与黑色有关。至于为什么以黑色为特征呢?一说由于尚黑,认为黑色具有伟大、尊贵和纯正的含义。笔者认为,这种说法可供参考。②

和士华持相同的看法。他说:

> 人们认为纳西族崇拜黑色,首先表现在族名上。"纳西"的"纳",意为"黑","西"是"人"的意思。纳西即"黑人"。彝族自称"诺苏",怒族自称"怒苏",都是"黑人"的意思。
>
> 崇尚黑色的民族往往把居住地的江河、山脉称为黑水、黑山。如怒族称怒江为"怒米挂",意为"黑水"。雅砻江称"诺吉",或"诺矣江",称金沙江为"泸水",都是因为纳西族等崇尚黑色的民族曾经居住在这几条江流域而得名,"泸水""诺吉"

---

① 高亨《文字形义学概论》,第60页,齐鲁书社,1981年。
② 李永燧文见《民族语文论文集——庆祝马学良先生八十寿辰文集》,第194、198页,中央民族学院出版社,1993年。

"诺矣江"都是黑水、黑江的意思。①

"泸""卢"有黑色义,乃人所共知。当我们知道"诺""怒""纳"都有黑义时,就可进一步明白:"泸""卢"与"诺"等均一音转变的结果。"若""弱"的黑色义,不能从这两个字的形体结构求证,也不能从这两个字的意义系统求证,只能因声寻义。而决定此义的声在汉语中已不存在,可与之对比的只有亲属语言中的读为"诺""怒""纳"等音。此理古今训诂家已不能明。

《禹贡》中的"弱水"即今之张掖河,俗称黑水或黑河。"黑"与"弱"是什么关系,从未有人解释过。宋蔡沈(chén)《书集传·禹贡》引柳宗元曰:"西海之山有水焉,散涣无力,不能负芥,投之则委靡垫没及底而后止,故名曰弱。"此解显然为望文生训。柳宗元不知"弱""若"同源。

"若水"也是常见词。《水经注·若水》对"若水"的得名是这样解释的:

> 然若木之生,非一所也。黑水之间,厥木所植,水出其下,故水受其称焉。②

这是说"若水"因"若木"而得名。实则"若水"与"弱水"所指非一,而得名之理则如和士华所言:"崇尚黑色的民族往往把居住地的江河、山脉称为黑水、黑山。"当然不是说这些山、这些水真的是黑颜

---

① 和士华《丽江与丽江人——纳西古籍中的星球、历法、黑白大战》,第224页。
② 《水经注》第六册卷三十六,第40页,商务印书馆,1958年。

色,这里就用得着高亨的解释了:"若"古有神灵之义。我们要补充的只有一句话:这神灵之义乃由崇尚黑色引申而来。

最后说第四例,卤盐:咸鹾(cuó)。

任乃强在《说盐》一文中表达了这样的观点:"人类文化,总是从产盐地方发展起来。""产盐的地区,或食盐供应方便的地区,便是人类乐于聚居的地区。"①

中国古代产盐地方很多。能成为"人类乐于聚居"、对"人类文化"发展在历史上产生过极其重要影响的地区至少有两个:一个是青海的茶卡盐池,一个是山西的解(xiè)池。有关盐的两组亲属同源词足以证明,在华夷尚未分化的原始时期,他们有过共同的聚居历史,并长期保留了"盐"的不同称谓。有的称谓在汉语中早已消失,但通过亲属语言还可以建立明确的历史关系。

关于"盐卤"同源,我在《〈中国字例〉音韵释疑》中的第14条已有比较详细的讨论,用于对比的亲属语言为壮侗语族的例子,而从原始社会盐业的发展情况来看,当如任乃强所言:"中原食盐,最早就是从西方青藏高原输入的。解池煮盐的发明的时间,大有可能在羌盐输销之后。因为相传最古的伏羲氏,就有可能是古羌族行盐入中原定居的部落。"②因此,"盐卤""咸鹾"这类名称,很可能在伏羲时代就产生了,后来的华与夷都继承了这类称谓。《说文》对"卤"的解释是:"卤,西方鹹地也。安定有卤县……西方谓之卤。"

---

① 任乃强《华阳国志校补图注》附《说盐》,第52页,上海古籍出版社,1987年。
② 同上,第56页。

《史记·货殖列传》:"山东食海盐,山西食盐卤。"①《春秋公羊传》昭公元年:"晋荀吴帅师败狄于大原。此大卤也,曷为谓之大原？地物从中国,邑人名从主人。"②同一内容又见于《春秋穀梁传》昭公元年:"晋荀吴帅师败狄于大原。《传》曰:中国曰大原,夷狄曰大卤。号从中国,名从主人。"③上引《说文》等材料是要说明:"盐卤"在原始华夷语本来只是一个词,其语音形式为复辅音声母,后来分化为两个字。"卤"见于甲骨文,其义为盐。夷狄语言中,同样保存"卤"这个词。"卤县"其名虽为汉人所命,却是以夷语为据的。《公羊》《穀梁》的记载恰好证明:"卤县"之"卤"由"夷狄曰大卤"而来,在汉语中此地叫"大原"。清人宋翔凤在《过庭录》卷四"太原"条已经证明:"以安定有卤县证之,知春秋大卤亦在安定。中国以为大原者,盖禹所主名,故著于《禹贡》也。春秋时,泾原之间,久为戎狄所据,荀吴兴师远伐,败之于其地。故《公羊》云:地从中国,名从主人。以狄为主人,知非晋阳。晋阳自为晋地,狄安得为主人！"④汉代的安定郡其辖区包括今甘肃景泰、靖远、会宁、平凉、泾川、镇原及宁夏中宁、中卫、同心、固原等地,卤县为今之固原市。这些地方距离伏羲出生地很近。自古就是华夷杂居之地。所谓"西方谓之卤",从族群而言,有华也有夷。"卤"为华夷共同词语,文献资料可以为证。"卤县"之"卤"虽然指的是斥卤之地,而卤曾经就是"天生"的盐。人类选择咸料大概始于卤。

---

① 《史记·货殖列传》,第3269页。
② 《十三经注疏》,第2316页。
③ 同上,第2433页。
④ 宋翔凤《过庭录》,第78页,中华书局,1986年。

任乃强设想的伏羲氏族"贩运"羌盐入中原,这羌盐出产之地并非安定的卤县,而是指青海的茶卡盐池。"贩运"羌盐之说还缺乏必要的证据,但羌戎的"茶卡"与中原的"鹾"为亲属同源词,证据确凿无疑。

《说文》:"鹾,鹹鹾也。河内谓之鹾。"①

《礼记·曲礼下》:"凡祭宗庙之礼,牛曰一元大武……盐曰鹹鹾。"郑玄注:"大鹹曰鹾,今河东云。"②

许慎说的"河内",郑玄说的"河东"都属中原地区,山西解池就在河东。

河内、河东都称盐曰"鹾",这是保存在方言中的原始古词。正因为它的古典特性,具有特殊的文化含义,所以将用于祭宗庙的盐名之曰"鹹鹾"。

"鹹鹾"在华夏语中基本上已为"盐"所取代,而"至今羌番人民还把它叫'擦'。(青海的茶卡盐池,即《汉书·地理志》陇西临羌县的'西海盐池',今作茶卡字,就是擦的译音。)"③任乃强还建立了"擦"与"鹹鹾"的关系。他说:

> 还当考虑到一些表示食盐名称的别字。如鹾,最早见于《小戴礼》"盐曰鹹鹾"。其实就是羌蕃语称盐为擦的译音字。这说明羌盐在秦、汉间还是行销入中原的,并且受到内

---

① 《说文》十二篇。
② 《十三经注疏》,第1269页。
③ 任乃强《华阳国志校补图注》附《说盐》,第56页,上海古籍出版社,1987年。

地人的尊重,用为祭品。阅唐宋迄清,内地人还把盐商称为"醝贾"。①

任先生这段话有两点可商榷。他认为"醝"是"擦"的译音字,是由"羌盐在秦汉间行销中原"而产生的。他忘了伏羲氏是华夏族、羌戎诸族共同的人文始祖,"醝"与"擦"(茶卡)为同源关系,非"译音字",这是可以肯定的。而且河东解池在原始社会就已经很发达很重要了。黄帝与蚩尤之战有一个直接原因为争夺解盐而战。《梦溪笔谈》卷三"辩证一"说:"解州盐泽,方百二十里……卤色正赤,在版泉之下,俚俗谓之'蚩尤血'。"②"蚩尤血"显然为民间文学,而蚩尤与黄帝战于涿鹿之前,在晋南盐池有过厮杀,亦为常理。后来,尧都平阳、舜都蒲坂、禹都安邑,都看上了晋南这块风水宝地,盐池的存在,正是"人类乐于聚居"的直接原因。解池的开发是否一定晚于"西海盐池",这也不能视为定论。

第二点可商榷的是:祭祀宗庙用盐作为祭品,此种祭礼的仪式,起源一定很早。甲骨文中已有"荐卤之祭"③。称祭盐曰鹹醝,与河东名盐曰醝,二者可以互证,"醝"这个词历史甚古,与"尊重""羌盐"无关。用"羌盐"来祭祖,恐怕与严重敌视、鄙夷夷狄的文化心态大大不符,祖宗能接受以夷物为祭品吗?

但是,任先生指出"擦"(茶卡)与"鹹醝"的音义关系,称得上是

---

① 任乃强《华阳国志校补图注》附《说盐》,第58页,上海古籍出版社,1987年。
② 《梦溪笔谈》,第40页,中华书局,1957年。
③ 徐中舒主编《甲骨文字典》,第1279页,四川辞书出版社,1990年。

一个不小的发现,这的确是一对证明亲属关系的好语料。查阅黄布凡主编的《藏缅语族语言词汇》"汉义"中的1076咸、1077淡(盐～)这两个条目,其中有相当数量的语言可直接与"鹹鹾"对比,即使稍有音变,也有音理可据[①]。

这种性质的对比还给我们一个启发,仅仅用现代汉语中的"咸""盐"与亲属语言相应的词对比,有时很难看出二者之间有同源关系,在1076、1077这两个条目中若直接用"鹹鹾"来对比,二者之间的同源关系几乎是一目了然。

我们说"擦"(茶卡)与古汉语的"鹹鹾"是同源关系,而与蒙语词"柴达木"恐怕只有音译关系了。《辞海》说:"蒙古语'柴达木'即'盐泽'之意。"[②]"柴"与"擦"是否有语音上的联系呢,我以为答案是肯定的。

原始华夷语留下来的底层词当然远远不止上述四例,还有一些我们并不陌生甚至是很常见的原始宗教名词或学术核心词,数千年来,人们只知其然而不知其所以然,正如王利器所言:"其名在可解与不可解之间。"王利器在《谶纬五论》之二《谶纬以三言为大题及其他》中列举了不少例子。如《河图》中的灵威仰、赤熛怒、含枢纽、白招拒、叶光纪,隋萧吉在《五行大义·论五帝》已困惑莫名:"上帝有五,'灵威仰'等姓氏事伏羲,年代久远,典籍遗漏,不可具释。"[③]王利器还列举了《尔雅·释天》中的摄提

---

① 黄布凡《藏缅语族语言词汇》,第359页,中央民族学院出版社,1992年。
② 《辞海》,第1295页。
③ 隋萧吉《五行大义》,第127页,上海书店出版社,2001年。

格、大荒落、大渊献、赤奋若,《太平御览》卷八百八十二引《淮地记》:"按《古岳渎经》云:禹治水止桐柏山,乃获淮、涡水神,名曰无支祁……"①他说:"我们注意到,这些三字之名的广泛出现,绝大部分都和三楚有关,我很怀疑这是楚文化的产物,换言之,也就是楚语的对音。""楚人是信鬼神而大搞其巫风的。我认为,这些三言之名,就是这种民间原始宗教的产物……三楚是三言之名的发祥地。"②王利器的"认为"不可信。《尔雅·释地》"燕有昭余祁",与《古岳渎经》的"无支祁",应该属于同一语言,还有《周礼·夏官·职方氏》:"东北曰幽州,其山镇曰医无闾。"也是"三言之名",燕、幽均属《禹贡》中的冀州。王利器的判断又有一定的道理,因为楚语的发展比中原华夏语缓慢,保存某些特有的"民间原始宗教"词,正说明原始华夏语与南蛮之楚有亲属关系。这类原始华夷语底层词,也可能在当代的各亲属语言中也已消失,要彻底解谜就更难了。

还有一道有待揭开的谜底。《周易》的八个卦名是不是记音字?记的是什么音?2007年"百越民族后裔"黄懿陆出版了一本《中国先越文化研究——从壮族鸡卦看〈易经〉起源》。在书中他提出了一个很有意义的问题:

《易经》八卦的卦名是汉字但不是汉字意思,壮族鸡卜卦的卦名也是汉字而非汉意。对于《易经》八卦的卦名,笔者认

---

① 见《太平御览·神鬼部》,第3919页,中华书局,1960年。
② 王利器《晓传书斋集》,第92—94页,华东师范大学出版社,1997年。

为说是汉字而不是汉字的意思,这是有充分的依据的。譬如:乾为什么代表天?坤为什么代表地?兑为什么代表泽?坎为什么代表水?巽为什么代表风?艮为什么代表山?震为什么代表雷?离为什么代表火?倘若乾、兑、离、震、巽、艮、坎、坤都是汉字且为汉意的话,就都不需要代表了,只要写上天、泽、火、雷、风、山、水、地就得了,何必还要写上这许多绕圈子,需解释的代表字。①

作者说:"正是有了上述疑问,笔者对《易经》八卦进行了深入的思索,研究结果表明,《易经》八卦卦名的代表字是采取记音的方式记录下来的文字,用先越民族后裔之一壮族语言可以进行释读。"②

他的"释读"在语音对比方面欠严密,这个"谜"不能算是真正破解了。可一个"百越民族后裔"提出了千百年来"习焉不察"的问题,再一次说明了原始华夷语的确在各亲属语言中留下了一批底层词,有的成了化石词,只有通晓整个原始华夷语的语音演变历史,掌握大量的亲属民族的古语词,经过综合研究,才有可能逐一破译。我们现在还不具备这样的全才。当然,发现问题,提出问题,个别词语的对比研究,意义也不可低估。

---

① 黄懿陆《中国先越文化研究·前言》,第3页,云南人民出版社,2007年。
② 黄懿陆《中国先越文化研究——从壮族鸡卦看〈易经〉起源》第二章,第57页,云南人民出版社,2007年。

伍　证据之三：考古文化

考古文化对语系、语族的证明作用主要体现在大的文化背景以及地下文物的整体面貌与口传历史的互相印证等方面，具体而言：

一证非洲的"夏娃"并非中国人的祖母。

二证"五帝"传说并非虚构。

三证四大语族与考古文化区系基本一致。

四证华夷语系有一个失落了两千多年的北狄语族。

五证荀子所言："好书者众矣。"

一证非洲的"夏娃"并非中国人的祖母。

当基因寻根与考古寻根相矛盾时，语言寻根应该取什么立场呢？

我们可以用口传历史来印证，是基因寻根与口传历史一致呢，还是考古寻根接近口传历史呢？

现在的情况是：基因寻根所提供的语言起源论和由此构成的同源系统，与数千年来各民族的传说历史几乎毫无关系，难道传说历史全是有人凭空捏造出来的吗？！

基因寻根论者主张：中国人的祖先源于东非，"夏娃"是全人类共同的老祖母。中国现代人的起源时间不会早于五万年，属于南亚语先民，从云南、珠江流域分别进入中国本土。百越民族是从越南、广西方向进入中国的，苗瑶语族形成于洞庭一带，澳泰语系的"一支部落沿海岸线往上跑，一直跑到西辽河流域再停留下来。他们是阿尔泰语系的核心。后来夷人上去了，华人也上去了，在那里进行了一次大融合。形成了兴隆洼文化。这是目前发现的中国最早进入新石器文化的地方"①。这篇"报道"所讲的语言故事似乎言之凿凿，可是，除了基因分析之外没有任何一条历史资料和语言事实可作为实证，更没有考古文化作为依据。

达尔文曾经说过："如果我们拥有人类的完整的谱系，那么人种的系统的排列就会对现在全世界所用的各种不同语言提供最好的分类……因为它依据最密切的亲缘关系把古代的和现代的一切语言联系在一起，并且表明每一语言的分支和起源。"②这种理论早已过时，我在《汉语和亲属语言比较研究的基本原则》中已有论述。基因是生物现象，语言是文化现象。同一基因的人群可以操不同的语言，不同基因的人群可以操同一语言。语言不可能跟基因在数万年间保持一种不变的关系。如果是这样，则人类就只有一个共同的大语系了，而他们又是如何随着基因的变异而分化的呢？

李济于1962年在一次演讲中说了下面一番话：

> 我们现在知道，有不少的史学家想利用各种时髦的社会

---

① 《DNA的秘密：北京猿人不是华夏祖先？》，《新京报》2005年5月10日。
② [英]达尔文著，周建人、叶笃庄等译《物种起源》，第486页，商务印书馆，2011年。

学理论解释中国上古史。但是他们不但对于社会学这门学问本身没有下过功夫,连中国上古史的原始资料也认识不了许多。不过,一般的读者因为他们说法新颖往往就被迷住了。这一类的发现对史学这门学问本身是不幸的。①

同样,靠基因分析来重建"语系"的"时髦"理论对史前语言学史这门学问本身也是"不幸的"。

考古学界对口传历史是什么态度呢?郭大顺说:

> 就考古界来说,由于近代考古学一经传入中国,就是以一门独立学科出现,以复原历史为学科目标,所以对用史前考古资料解释古史传说这一任务始终念念不忘。问题在于,面对越来越丰富的地下实物资料,如何让这些不带文字的"哑巴"材料说话,这尤其需要考古学在理论和方法方面的突破。在这方面,经过长期艰苦探索而取得可喜成果的代表,是苏秉琦和以他为首的中国考古学派。②

苏秉琦是怎么看待人类起源问题的呢?

在《关于重建中国史前史的思考》中说:"中国是古猿和古人类化石富集地区之一。云南禄丰腊玛古猿,这一千多万年前人猿超

---

① 《再谈中国上古史的重建问题》,见李济著《中国文明的开始》,第108页,江苏教育出版社,2005年。

② 郭大顺《追寻五帝》,第6页,商务印书馆(香港)有限公司,2000年。

科化石的发现,为人类亚洲起源说提供了证据。""中国人的主体部分是东亚大陆土著居民,是北京人后裔;中国文化是有近200万年传统的土著文化。"①

在《重建中国古史的远古时代》中说:"中国和临近地区在人类发展史上存在着一个独特的体系,不像是从其它地方的某种远古人类派生出来的。"②

吴新智说:"在夏娃假说问世前3年,沃尔波夫、笔者和桑恩联名提出了一个关于现代人起源的假说——多地区进化假说,主张世界上四大地区现代人的来源都与该地区更古的人类不可分割,比如,东亚现代人主要源自中国的古人类……"③

这样的结论,你也可能抱怀疑态度,但你还能相信基因分析所推测出来的无根之言吗?他们所说的这个"语系",那个"语系"与"东亚大陆土著居民"、与"200万年传统的土著文化"有一丝一毫的关系吗?任何一个对"中国上古史的原始资料"有点"认识"的人都不至于"被迷住"吧。吴新智的"多地区进化假说",苏秉琦的"独特体系"论,为我们重建华夷语系设置了大前提,彻底排除了"夏娃"说的干扰,"一证"就是以"中国考古学派"的理论为基础的。"二证""三证""四证""五证"也是根据"中国考古学派""用史前考古资料解释古史传说"所取得的前所未有的研究成果及文化区系类型学说而提出来的。我认为这是"中国考古学派"对史前语言史

---

① 见《华人·龙的传人·中国人——考古寻根记》,第116页,辽宁大学出版社,1994年。
② 同上,第105页。
③ 吴新智、徐欣《探秘远古人类》,第136页,外语教学与研究出版社,2015年。

研究的重大恩惠。有了这样的恩惠,我们才能勇于面对"五帝",才能坚定地相信四大语族不是可以随意增减的。下面对二、三、四、五证分别详解。

二证"五帝"实有其人其事并非虚构。

司马迁以《五帝本纪》置于《史记》首篇,标志着中华文明就是从黄帝开始的。有关黄帝的事迹、活动地区,他东西南北实地考察了一番,并将考察所得与文献资料对比研究,认为"不离古文者近是",对有关文献的鉴定结果是:"其所表现皆不虚。"写作态度是非常认真严肃的,完全可以当"实录"来对待。其首创之功,亦应垂范千古。设若无此《五帝本纪》,后人对于原始社会末期的这段历史,就更是疑不能明了,研究那时的语言状况就更难了。

可是,文化史、学术史上的是非功过实在太复杂了。以功为过,以是为非的事例实在太多了。司马迁万万想不到吧,千余年之后,北宋大名鼎鼎的欧阳修向他的《五帝本纪》开刀了。理由很简单:孔老夫子编撰《尚书》"断自唐、虞以来,著其大事可以为世法者而已。至于三皇五帝君臣世次皆未尝道者,以其世远而慎所不知也"。你司马迁凭什么要"道"黄帝呢。

> 孔子既殁,异端之说复兴……世无圣人以为质,而不自知其取舍真伪。至有博学好奇之士,务多闻以为胜者,于时尽集诸说,而论次初无所择,而惟恐遗之也,如司马迁之《史记》是矣。
>
> 以孔子之学,上述前世,止于尧舜,著其大略,而不道其前。迁远出孔子之后,而乃上述黄帝以来,又详悉其世次,其

不量力而务胜,宜其失之多也。①

孔子编《尚书》始于尧舜,这是述古;司马迁撰《史记》始于五帝,这是创新。与其说欧阳修是"疑古",不如说他是"疑新"。欧阳修对孔子的确到了迷信的地步。他说:"孔子,圣人也。万世取信一人而已。"②司马迁何足算也!

欧阳修还上书皇帝,建议删去九经正义中有关谶纬的材料③。"谶""纬"性质不同,纬书中保存许多远古社会的神话传说资料,去伪存真,价值非凡。清人俞正燮《纬书论》说:"纬者,古史书也,通记天地人,盖灵台所候簿,古之藏书在史氏……皆史氏之书,孔子定六经,其余文在太史者,后人目之为'纬',则百二十国史皆纬也……谓纬出于哀、平间者,哀、平时始流布。谓其时所造……非伪托者所能及也。然则纬宜传乎?纬如后世台候、省寺案牍,先儒所采以辅证经义者,皆淳古之文,他或不逮书。"(《癸巳类稿》卷14)俞氏对纬书的评价基本上是可信的,比欧阳修要高明。

欧阳修对《五帝本纪》的非议虽非定论,而影响及于九百余年后的"疑古派"。他们更彻底,除了推翻五帝,认为"那时并没有黄帝尧舜",连禹也是"九鼎上铸的一种动物","大约是蜥蜴之类"(顾颉刚语)。钱玄同《答顾颉刚先生书》云:"我从前以为尧舜二人一

---

① 欧阳修《帝王世次图序》,见《欧阳修全集·居士集》卷四十三,第301页,世界书局,民国二十五年。
② 《春秋论上》,见《居士集》卷十八。
③ 《论删去九经正义中谶纬劄子》,见《欧阳修全集·奏议集》卷十六,第887页,世界书店,民国二十五年。

定是'无是公''乌有先生'……今读先生之书……方知连禹这个人也是很可疑的了。"①

顾、钱这些惊世骇俗的高论,不管人们信还是不信,有一点是可以肯定的,五帝头上已经蒙上了凝重的疑云。即使不以之为伪史,也有可能,或归于神话人物,或归于传说人物。总之,不敢视为实有其人,真有其事,遑论其语言状况如何。

在这样将信将疑的文化氛围中,1991年,考古学界的代表人物苏秉琦先生宣布:

> 三皇或类似三皇的说法应属后人对荒远古代的一种推想,并非真实历史的传说。而五帝则可能实有其人其事,所以司马迁著《史记》时径直从《五帝本纪》开始,而于五帝以前的历史只字不提。②

> 考古发现已日渐清晰地提出古史传说中"五帝"活动的背景,为复原传说时代的历史提供了条件。③

五帝说大约形成于战国时期,但各家所说不尽相同。《史记》以黄帝、帝颛顼、帝喾、帝尧、帝舜为五帝,也许是司马迁认为这几个人的事迹比较可信。其实在别的古书上还有许多帝,也不见得都是虚构。例如黄帝就是打败了炎帝和蚩尤之后

---

① 钱玄同《答顾颉刚先生书》,见《古史辨》第一册中编,第67页,上海古籍出版社,1982年。

② 见《华人·龙的传人·中国人——考古寻根记》,第112页,辽宁大学出版社,1994年。

③ 《关于重建中国史前史的思考》,原载《考古》1991年12期,后收入《华人·龙的传人·中国人——考古寻根记》,第121页,辽宁大学出版社,1994年。

声名才显赫起来的,起码当时还有一个炎帝。只是后来人用千古一系的思想整理古史,把本来比较复杂的情况简单化了。①

另一位考古学家也就是苏秉琦的弟子郭大顺于2000年在香港出版了一本《追寻五帝》(按:此书2010年由辽宁人民出版社重印,增加了一篇许倬云写的《序》和一篇作者自己写的《后记》。《后记》中说:"20多年来中国史前考古最重要的成果是证明了中国历史上确有一个五帝时代。"盈按:着重号为引者所加)。我个人以为,《追寻五帝》是每一个研究史前语言史的人必读的入门书。如果我们对"五帝"这个时代一无所知,谈什么"语系""语族"的研究呢!此书"清理五帝传统,都是真的从考古数据着手,遂能将时空两个轴线整合为原定古传统的线索",故"理论与实证基础坚实。"(许倬云《序》)

《追寻五帝》一开篇就是"走出迷茫,寻找考古与历史的结合点"。这个"结合点"在哪里?作者选择了五帝时代。而"五帝的记载几乎被全部否定了",故首要任务在"追寻"。

目前虽然还不能对五帝时代诸代表人物都作具体确指,然而那正在一页页揭开的"无字地书"越来越清晰地展现出五帝时代的壮丽画卷,十分令人鼓舞。②

越来越多的考古发现和研究成果正在充分证明,依据古

---

① 苏秉琦主编,张忠培、严文明撰《中国远古时代·序言》,第12页,上海人民出版社,2010年。
② 郭大顺《追寻五帝》,第1页,商务印书馆(香港)有限公司,2000年。

史记载的五帝时代事迹而传承数千年的中华五千年文明古国,并非只是一种传说,而是有真实的历史事实作为根据的。复原五帝时代的历史,并非遥远的将来或幻想,而是指日可待的事情了。①

苏秉琦还研究了"五帝的时代究竟相当于考古学上的哪个时代"的问题。他说:

> 五帝时代之始,战争连绵不断。《五帝本纪》说:"天下有不顺者,黄帝从而征之……迁徙往来无常处,以师兵为营卫。"他先是打败炎帝,接着又擒杀蚩尤。这种情况只有社会财富有所积累,社会分工日趋尖锐的情况下才能发生。从考古学文化来看,这是仰韶后期即大约相当于公元前3500年以后的事。所以五帝的时代的上限应不早于仰韶时代后期。②

关于五帝时代的下限以夏王朝的建立为界,这是很清楚明白的。从考古文化年代看,苏秉琦有一个判断。他说:"二里头文化更像是夏文化。假如这个判断没有大错,那么五帝的时代的下限就应是龙山时代。"③所谓龙山时代也就是约公元前2600年至前2000

---

① 郭大顺《追寻五帝》,第13页,商务印书馆(香港)有限公司,2000年。
② 苏秉琦主编,张忠培、严文明撰《中国远古时代·序言》,第12页,上海人民出版社,2010年。
③ 同上。

年的一段时间。所谓仰韶时代后期,也就是约公元前3500年至前2600年。这样算起来,五帝时代的绝对年代约一千四五百年。"五帝"如果就是五个人,他们的寿命不可能有这么长。苏秉琦说:"除非不是个人的直接继承关系,而是不同部落禅递掌权,否则难以简单比附。"①苏秉琦发现了矛盾,也有一个简单的"除非不是……而是……"式的判断,就轻轻地带过去了。无论是从考古寻根还是从语言寻根来说,都是必须破解的大问题,五个帝怎么能支撑得起具有一千四五百年的大时代呢?所以我们要细说"不同部落禅递掌权"的问题。问题在司马迁,他是用线性模型来处理《五帝本纪》的,而五帝时代的实际情况肯定是非线性的多重社会结构。也就是说,"五帝"之间虽有亲缘关系,而在千百年的演变之中,他们的子孙后裔已分别自树大旗,成为独霸一方的部落,从"黄帝轩辕氏"到"帝舜有虞氏"都是部落名称。据《春秋命历序》载:

炎帝号曰大庭氏,传八世,合五百二(一作"三")十岁。

黄帝一曰帝轩辕,传十世,二千(本亦作"一千")五百二十岁。

次曰帝宣,曰少昊,一曰金天氏,则(即)穷桑氏,传八世,五百岁。

次曰颛顼,则高阳氏,传二十世,三百五十岁。

---

① 苏秉琦主编,张忠培、严文明撰《中国远古时代·序言》,第13页,上海人民出版社,2010年。

次是帝喾,即高辛氏,传十世,四百岁。此郑(玄)之所据也。①

这个"五帝"系统来自《春秋命历序》,为郑玄所赞同,与司马迁有别。清末夏曾佑著《中国古代史》已指出:"马迁为史家之巨擘,康成集汉学之大成,而其立说违反若此。然观迁所作《历书》,叙少昊、颛顼之衰,则其间必非一世可知矣。"②

两个"五帝"系统,有三"帝"是相同的。即都有黄帝、颛顼、帝喾。苏秉琦将五帝时代分为两个大阶段,此三帝为第一阶段。《命历序》里说的"传"多少"世",几百"岁",虽不是绝对可信,但有很高的认识价值,至少可以说,在当时的部落联盟中,这三个部落在位的时间应该是千有余年,他们之间,肯定"不是个人的直接继承关系"。而且黄帝这个部落应该是在新石器时代中期甚至前期就出现了。第二阶段的尧舜为龙山时期,这两个部落分别主持联盟也有数百年的历史。

由于五帝时代长达一千四五百年之久,正好为重建华夷语系找到了最恰当的时间背景。也就是说,华夷语系正是五帝时代的语言实际状况。四大语族的独立发展都应该有上千年的演变过程。

华夏族及华夏语大约从帝尧时代开始独立。最能证明这一点的是他们已经视周边某些族群为"蛮夷"了。《尧典》有"蛮夷率服""蛮夷猾夏"。"夷"与"夏"已作为四裔与"中国"对立的地区概念而存在了。

---

① 《礼记·祭法》孔疏引《春秋命历序》以申郑义,《十三经注疏》,第1587页。
② 夏曾佑《中国古代史》,第26页,河北教育出版社,2002年。

关于华夏语的形成问题,当另作专题研究。在这里,我先表明自己的一个看法:华夏语有复声母也是无可怀疑的。与之同源的羌戎语、百越语、苗蛮语都有复声母,华夏语岂能例外。尤其是与华夏语关系最密的羌戎语至今仍有不少语支保留复声母,早期华夏语有复声母几乎是一个无须论证的问题。

三证四大语族与考古文化区系大体一致。

如果说,确立考古时代与五帝时代的对应关系,为华夏语系找到了时间定点;那么,确立考古区系与四大语族的对应关系,就是为四大语族界定了空间坐标。

20世纪80年代苏秉琦把新石器时代(含部分青铜文化)划分为六大区系,"为考古遗迹与古史传说中主要部落集团和代表人物活动地域结合的具体化,提供了十分难得的条件"①。但区系与族群、部落集团的对应关系不是绝对的。正如苏秉琦所言:"这种区系间的文化交互作用在公元前4000年以后进入高潮,文化面貌你中有我,我中有你。"②这种"交互作用"产生的原因是什么?正好印证了我的判断:战争导致了部落联盟的产生,导致了部落的不断重组,于是有了不同的语族。

苏氏的六大区系为:

(1)以燕山南北、长城地带为重心的北方;

---

① 郭大顺《追寻五帝》,第9页,辽宁人民出版社,2010年。
② 《关于重建史前史的思考》,《华人·龙的传人·中国人》,第120页,辽宁大学出版社,1994年。

(2)以山东为中心的东方;

(3)以关中(陕西)、晋南、豫西为中心的中原;

(4)以环太湖为中心的东南部;

(5)以环洞庭湖四川盆地为中心的西南区;

(6)以鄱阳湖—珠江三角洲一线为中轴的南方。①

(1)(3)以炎黄二帝为主,即华夏语族、羌戎语族为中心,另有北狄语。(3)仰韶文化晚期亦为苗蛮区域及北狄语族。

(2)(4)以二昊为主,即百越语族为中心,还有华夏语。

(5)从龙山文化后期起以苗蛮语族为主,羌戎语族在西南区的四川盆地也占有重要地位。

(6)以百越语族为中心,苗蛮语族也占一定的比例。

苏秉琦说:"相对而言,南部的三大区,民族多,方言多。"②这非常符合华夏语系的演变进程。(1)(3)为《禹贡》冀州地区,也是由炎黄二帝族群为主体的华夏语族的根据地,他们由于种种原因,用战争或其他方式向周边扩展。黄帝杀二昊,于是占领第(2)区,将他们向东南部挤压,形成了众多的百越族群。炎黄二帝内部先是兄弟,到新石器后期又为婚姻偶族,如帝尧的父亲为黄帝氏族,而母系为炎帝氏族,但他们又是仇家,炎帝族后裔羌戎族群被挤压到西南区。苗蛮族群的变化很大,他们被赶到西南区、被赶到南

---

① 《关于重建史前史的思考》,《华人·龙的传人·中国人》,第120页,辽宁大学出版社,1994年。

② 同上。

方,是千百年斗争中节节败退所造成的结果。下面重点讨论苗蛮问题,因为争议颇多。

苗蛮族原本也是冀州人、中原人。提起苗蛮所在地,人们都会引出公元前387年吴起对魏武侯(前395—前370在位)说的那段名言。事实上,后人对这段话的理解缺少历史地理观念。先看原文:

> 昔有三苗之居,左有彭蠡之波,右有洞庭之水,汶山在其南,而衡山在其北。恃此险也,为政不善,而禹放逐之。①

彭蠡、洞庭、汶山、衡山等地名属江西、湖南、四川。据此,人们以为新石器后期的苗蛮族在"禹放逐"之前就居住于湖湘地区。

1932年,钱穆写了《古三苗疆域考》,发表于该年《燕京学报》第十二期。此文对衡山、汶山、洞庭、彭蠡这四个地名做了新的考证,此四地都在北方。随着苗蛮南迁,将这些地名带到了新的区域。钱穆对苗蛮疆域,也就是对吴起这段话做出了新的独特的解释:

> 古者三苗疆域,盖在今河南鲁山嵩县卢氏一带山脉之北,今山西南部诸山,自蒲坂安邑以至析城王屋一带山脉之南,夹黄河为居,西起蒲潼,东达荥郑,不出今河南北部山西南部广运数百里间也。《尚书》言舜窜三苗于三危,又称分别三苗,而吴起则谓禹灭三苗。舜禹事迹,正在河陕之间,与三苗疆土同

---

① 《战国策·魏策一》,第782页,上海古籍出版社,1978年。

域……舜禹之窜三苗，盖自河东逾河而之河西，与其后周古公之避狄西迁，大略相似。若谓三苗初居江南洞庭彭蠡间，舜禹远迹南征，又窜之西北数千里外之三危，则其事颇涉荒诞，固不如余考之较情实矣。①

数年前读钱氏此考，将信将疑。近日因作此文，又细读钱考，并重新研究了吴起的西河对，发现他列举的三苗、夏桀、殷纣的国土均与魏之疆域有关，他们也曾是这地土地的主人，因恃险不修德而灭亡，这是用本土历史作教材告诫魏武侯。如果古三苗与魏地无关，吴起的话就失去了针对性，不切实际了。同时，我又参阅了陈槃《春秋大事表列国爵姓及存灭表撰异》的《茅戎》篇，益信钱穆所考不谬。茅戎即髳戎，亦即苗、蛮。陈槃说：

环洛阳西北之茅地凡三：一茅津，在今平陆县，去洛阳二百五十里；二茅田，在今修武县，去洛阳二百十里；三苗亭，在济源县西，去洛阳八十余里。盖此等处皆茅戎遗迹。②

陈氏对"茅戎"地域的考核结论与钱穆大体上一致。平陆县尤为值得注意，其地在山西运城市，与古解池甚近。不由人联想起黄帝与蚩尤之战，究竟是蚩尤作恶而遭黄帝杀戮呢，还是黄帝集团要抢夺

---

① 见钱穆《古史地理论丛》，第105页，三联书店，2004年。
② 陈槃《春秋大事表列国爵姓及存灭表撰异·茅戎》，第1096页，上海古籍出版社，2009年。

解池挑起战争呢？黄帝集团在冀北，即(1)区，三苗集团(蚩尤)在冀南，即(3)区，解池也在(3)区，按情理推断，黄帝集团属于侵略者的可能性是相当大的。只不过蚩尤是战败者，他的传人又没有留下口传史料，后来的一边倒记载都出自胜利者之手，蚩尤就被妖魔化了。

蚩尤被杀，他的族群并没有完全被摧垮，地盘也没有全部丢掉，从新石器后期一直到龙山文化时期，一千数百年间，他们几乎没有停止过和华夏集团的争斗，他们在帝尧晚期，与舜争夺部落盟主，遭到惨败。《山海经·海外南经》云："三苗国在赤水东，其为人相随。一曰三毛国。"郭璞注："昔尧以天下让舜，三苗之君非之，帝杀之，有苗之民叛入南海。"

郭注很重要，它传达了一个极有价值的历史信息。

何谓"南海"？这里的"海"并不是指水域，而是指南方荒远之地。《越绝书·越绝吴内传第四》说："夷，海也。"有助于理解"南海"之"海"为何义。此"南海"与《诗·大雅·江汉》"于疆于理，至于南海"(盈按：可阅陈奂《诗毛氏传疏》，今人释"南海"多误)之"南海"，《左传》僖公四年"楚子使与师言曰'……寡人处南海'"之"南海"，《国语·楚语上》"抚征南海，训及诸夏"之"南海"，《史记·淮南衡山传》"南海民处庐江界中者反"之"南海"意思基本上一样，也就是荆楚所在地。这就证明：苗蛮族由晋南—豫西((3)区)向南方荆楚地区((5)区、(6)区)发展，始于龙山文化时期。这些"叛入南海"的苗蛮族，也是后来楚人及苗族的共同祖先。他们把彭蠡、洞庭、衡山等老地名带到了荆楚地区。向华化方向发展的成为"楚"人，在深山老林中坚守原始习俗的苗人还是苗人。《史记·五帝本纪》说"三苗在江淮、荆州数为乱",应是"叛入南海"之后,三苗国还与中原的华夏族保持战争状态。他们的命运又会如何呢?

"南海"的三苗,也就是"江淮、荆州数为乱"的三苗,是楚国的基本群众。那些在语言上文化上华化了的"三苗",先后大约经历了一两千年的漫长演变。直到五胡乱华,晋室南迁,大批华人由北南迁,一则加速苗蛮华化,再则将他们向山谷僻壤步步挤压。《隋书·地理志下》云:

> 《尚书》:"荆及衡阳惟荆州。"上当天文,自张十七度至轸十一度,为鹑首,于辰在巳,楚之分野。其风俗物产,颇同扬州,其人率多劲悍决烈,盖亦天性然也。南郡、夷陵、竟陵、沔阳、沅陵、清江、襄阳、舂陵、汉东、安陆、永安、义阳、九江、江夏诸郡,多杂蛮左,其与夏人杂居者,则与诸华不别。其僻处山谷者,则言语不通,嗜好居处全异,颇与巴、渝同俗。诸蛮本其所出,承盘瓠之后,故服章多以班布为饰。其相呼以"蛮",则为深忌。①

这段史料确证了"南海"三苗后裔的分化情况。

龙山文化时代,那个与尧舜禹同处晋南地区的三苗国,已经一分为三。有的被迫迁于三危,有的"叛入南海",剩下的那些未迁未叛的三苗人命运如何呢?《逸周书·史记解》列举了唐虞夏商至周初的二十八个亡国,其中就有"三苗"。亡国的原因是:

---

① 《隋书》,第897页。

外内相间,下挠其民,民无所附,三苗以亡。弱小在强大之间,存亡将由之,则无天命矣。不知命者死。①

很显然,所谓"弱小",既不是指被驱赶到三危的那个三苗,也不是"叛入南海"的这个三苗,而是指苟活于晋南豫西发祥地的原始三苗。他们生存在"强大"的诸华之间,"存亡"就"由"不得自己了。这个"弱小"的三苗国究竟亡于夏还是亡于商或亡于周初,已不得而知。但三苗国的基本族群茅戎(也就是"髳")在周武王伐纣时,属八国联军之一。《尚书·牧誓》云:

王曰:"嗟!我友邦冢君御事……及庸、蜀、羌、髳、微、卢、彭、濮人:称尔戈,比尔干,立尔矛,予其誓。"

这个"髳"指谁?郑玄认为是"西夷别名",显然不当。章太炎《检论·序种姓(上)》正确地指出:"今之苗,古之髳也。"但他紧接着又错误地认为:"又亦与三苗异。"钱穆驳之曰:"北之茅戎,南之蛮氏,其地望亦与吴起所言三苗居土相吻合。自属古者三苗遗裔。而髳与三苗,亦未见其必为二也。"② 杨筠如《尚书覈诂·牧誓》对"髳"的注解为:

矛又作"茅",成元年《左传》:"王师败绩于茅戎。"按《括地

---

① 黄怀信等《逸周书汇校集注·史记解》,第1016页,上海古籍出版社,1995年。
② 钱穆《古史地理论丛》,第106页,三联书店,2004年。

志》茅津及茅城,在陕州河北县(按:唐改河北县为平陆县)西二十里,则正当山西南部滨河之地矣。①

这个参加牧野誓师大会的髳部族"自属古者三苗遗裔",从地望、族称而言,都是确凿无疑的。

俞敏在论证姬羌语言同源时,也举《牧誓》为证。他说:"决战以前,武王在军队面前做了一个演说……在当时听讲的联军里就有羌人……羌人真出席了,而且他们听话不用翻译。"②联军里也有髳人,即苗民,他们听武王演说同样不用翻译,能说苗蛮语与华夏语非同源关系吗?在整个新石器时代后期和龙山文化时期一直到夏商周,苗蛮与华夏关系极为密切,无论是地缘、亲缘,都难以割裂开来。

而苗蛮由于历史原因,称谓相当复杂,又经过几次大的迁徙,故在语言亲属关系的确定上,以及地望的确定上,就增添了不少障碍。只要突破字形所带来的麻烦,从声音方面就可以把苗、茅、髳、髦、毛、蛮加以沟通、整合。而"苗"与"黎"(里、俚)似乎相隔甚远,其实所指为一,这完全有可能是复辅音声母分化后所造成的。在此不拟详谈。但近人对"黎""苗"的沟通意见,可供参考。例一:《尚书·吕刑》:"苗民弗用灵。"杨筠如《尚书覈诂》注:

苗民,《楚语》:"少昊之衰也,九黎乱德。"又曰:"其后三苗复九黎之德。"苗,即黎也。本亦作"里"。《后汉书·南蛮传》

---

① 杨筠如《尚书覈诂·牧誓》,第199页,陕西人民出版社,2005年。
② 见《俞敏语言学论文集》,第215页,商务印书馆,1999年。

注:"里,蛮之别号。"是也。

杨注将"苗""黎""里""蛮"加以沟通,除去形障,方显真相。

例二:章炳麟《訄书·序种姓(上)》:"自是俚、猺诸族,分别荆、粤至今。"

徐复《訄书详注》云:

> 俚、猺,苗族与瑶族。均为我国少数民族。章先生《文始》九:"髳亦可作莫交切,故髳牛称牦牛,如《诗》言'如蛮如髦',《牧誓》作髳,《汉令》有髳长,魏晋以后通称俚人,今复云苗人,则髦、俚音相转也。"①

关于苗蛮语族的地望、迁徙、分化、族称及其与华夏语族的亲缘关系、地缘关系,我们在考古文化分区的基础上,对相关史料做了较为系统的爬梳、清理、解说,沟通其内在的联系。因此,将苗蛮语族列入华夷语系,根据是相当充分的。考古文化也提供了强有力的支持。考古学家俞伟超先生认为:"把洞庭湖、鄱阳湖之间,北抵伏牛山麓,南达江西修水一带的以屈家岭为中心的三大阶段的原始文化推测为三苗遗存,应当是合理的。"②其他考古学家也有类似的主张,不一一列举。

---

① 徐复《訄书详注·序种姓上》,第235页,上海古籍出版社,2000年。
② 俞伟超《楚文化的渊源与三苗文化的考古学推测》,《文物》1980年第10期。转引自彭明瀚《吴城文化研究》,第229页,文物出版社,2005年。还可参阅张江凯、魏峻著《新石器时代考古》152页。

屈家岭文化内容也很丰富,不可能是三苗独家遗存,但三苗"叛入南海"之后,对南中国的开发当处于主导地位。蔡沈《书集传·舜典》"三苗"注:"三苗,国名,在江南荆扬之间。"清代阎若璩指出:"当补曰:'今江州、鄂州、岳州,皆古三苗地。'"(《尚书古文疏证》卷六下471页)地界不错,却都未指明,这是"叛入南海"之后的"古三苗地"。

四证华夷语系中有一个失落了两千多年的北狄语族。

红山文化的发现以及"以燕山南北长城地带为重心的北方"考古文化区的确立,对两千多年来的传统文明观念产生了难以估量的冲击力,为史前语言史的研究提供了新的视野。尤其是对于"北狄"问题,从司马迁的《匈奴列传》到王国维的《鬼方昆夷玁狁考》以及近现代一些研究"北狄"的论著,几乎都经不起考古文化的检验。问题都出在以秦长城为槛,以燕山为界,"槛"外"界"外都是"北狄",都是外族异种,至于"槛"内"界"内的"北狄"则都是入侵者,或是由"槛"外"界"外迁徙而来。还有,对某些自称其先出自五帝的塞外种落,不加分析地一概斥之为"假冒",是打着华胄旗号以掩盖其"乱华"的实质。红山文化的发现以及苏秉琦文化考古分区第1区的确立,旧的"槛""界"文化观念被否定了。也就是说,在五帝时代,在大约一千四五百年间,后世所说的"北狄"地区(指内蒙古东南部、辽宁西部及燕山南北地区)也属于华夷语系的范围之内。那么,红山文化及第1区的族群是谁?他们的语言状况如何?后起的北狄语族与他们有什么关系?

先回答第一个问题。考古文化本身很难回答该地区的族群是谁。庆幸的是书面化的口传历史给我们提供了有重大价值的信息。这类信息近现代以来一直被判为是不可信从的民间传说,如今与考古文化互相印证,它的文化价值就很珍贵了。请看下面这几条记载:

1.《十六国春秋·前燕录》一:"慕容廆,字奕落瓌,昌黎棘城鲜卑人也。昔高辛氏游于海滨,留少子厌越以居(一作"君")北夷,邑于紫濛之野,世居辽左,号曰东胡。……太康十年(晋武帝司马炎第三个年号,公元289年),廆又迁于徒河之青山。廆以大棘城即帝颛顼之墟也,元康四年(晋惠帝司马衷第三个年号,公元294年)定都大棘城,所谓紫濛之邑也。"①

盈按:《十六国春秋》虽非原著,但"高辛氏游于海滨,留少子厌越以居北夷"事,与《广韵·暮韵》"暮"字注所引同。《晋书·慕容廆载记》虽无"高辛氏游于海滨……"云云,却说:"其先有熊氏之苗裔,世居北夷,邑于紫蒙之野,号曰东胡。"②据《史记·五帝本纪》集解引徐广曰:黄帝"号有熊"。又《五帝本纪》云:"帝喾高辛者,黄帝之曾孙也。"《十六国春秋》《晋书》两种慕容廆传所载互相照应,并不矛盾。

"大棘城即帝颛顼之墟",两传所载一致。又,《太平寰宇记·

---

① [清]汤球《十六国春秋辑补》,第401、402页,岳麓书社《野史精品》第一辑,1996年。
② 《晋书》,第2803页。

河北道·营州·柳城县》所载亦同:"棘城,即颛顼之墟也,在郡东南一百七十里。"①所谓"郡",秦汉时为辽西郡,隋改为柳城郡,唐初改为营州,后又改为柳城郡,"复为营州"。

2.《魏书·地形志·营州·昌黎郡》:"龙城(原注:"(太平)真君八年(447年)并柳城、昌黎、棘城属焉。有尧祠。")"②《墨子·节葬下》:"昔者尧北教乎八狄。道死,葬蛩(qióng)山之阴。"《山海经·海外南经》:"狄山,帝尧葬于阳,帝喾葬于阴。"蛩山在哪里?毕沅据《山海经》认为:"狄中之山。"(见袁珂《山海经校注》,第203页)其地与北狄所居之地有关。

3.《太平寰宇记·河北道·营州》:"营州(原注:"柳城郡。今理柳城县。")按《唐开元十道略》云:'舜筑柳城。'即知虞舜以前已有柳城之地,在《禹贡》冀州之域。在十二州,因有营州之称……又《十六国春秋·慕容皝传》云:'柳城之北,龙山之南,所谓福德之地也。可营制规模,筑龙城,构宫庙。改柳城县为龙城;九年(皝九年,相当于东晋成帝咸康八年,公元342年),遂迁都龙城,入新宫。十二年,号新宫曰和龙宫。'"③

4.《逸周书·王会解》:"不屠何:青能(本亦作"熊")。东胡:黄黑(本亦作"熊")。"黄怀信等《逸周书汇校集注》(第938页):"孔晁云:不屠何亦北夷也。王应麟云:《管子》曰:

---

① [宋]乐史撰《太平寰宇记》卷七十一,第1434页,中华书局,2007年。(以下出版单位及时间不重复出注。)
② 《魏书》,第2494页。
③ 《太平寰宇记》,第1431页。

'桓公败胡貉,破屠何。'注:'屠何,东胡之先也。'陈逢衡云:邓立诚曰:'《汉书·地理志》辽西郡有令支县,又有徒河县,徒河即屠何也。晋时有段务勿尘者,徒河种也。'……汉徒河县在今直隶永平府大宁之东百九十里,锦县西北。段长基《历代疆域表》曰:相传虞舜时亦有此城。"(段氏为清代河南偃师人)

《辞海》:"徒河 ① 古城名。在今辽宁锦州市。相传虞舜时已有此城。春秋时齐桓公救燕,破屠河,或以为即屠河。② 古县名。西汉置。治所在今辽宁锦州市。三国魏废。晋时,鲜卑慕容廆复置。北魏太平真君八年(公元447年)废入广兴。"①

以上四类材料与红山文化有什么关系,先得确定材料中的古地名与今地名的对应关系。据王钟翰、陈连开《战国秦汉辽东辽西郡县考略》云:

柳城(龙城)——今辽宁省朝阳市西南十二台营子。
龙城和营州即今朝阳市,已成定论,龙城无疑是位于今朝阳市东南7.5公里的凤皇山。
昌黎今义县。
据《晋书载记·慕容廆传》所载入居辽西几次迁徙的情况,可知棘城在北而徒河在南。②

---

① 《辞海》,第801页。
② 《地名学研究》第二集,第131、133、135页,辽宁人民出版社,1986年。

又据林斡《中国古代北方民族通史》载：

紫蒙川在今辽宁朝阳市西北。
棘城在今辽宁锦州市附近。
徒河之青山在今辽宁义县境内。
龙城故址在今辽宁朝阳市。①

又据北燕范亨著、清汤球辑、今人吴振清校注《燕书·高祖武宣皇帝纪》注①："昌黎棘城：今辽宁义县西北。"②

据王钟翰等今人考证，上述四类材料中的古地名都在今朝阳市、锦州市的范围之内。南临辽东湾（高辛氏所游"海滨"即此），西北接内蒙古东南部。这一地区正属于红山文化范围之内。

现在我们讨论创造红山文化的族群为谁？材料中提到"颛顼之墟"，"高辛氏游于海滨"，其少子"邑于紫濛（蒙）之野"，龙城"有尧祠""舜筑柳城"。司马迁说的"五帝"，材料中占了四帝。黄帝虽未出现，可不屠何的青熊、东胡的黄罴与黄帝族群的称号"有熊"关系密切。五千多年前的黄帝时代，徒河、东胡地区肯定是林木蓊郁，熊罴出没，故黄帝族群以熊为图腾。他所统帅的氏族也以六种"猛兽之名名之"，"教熊罴貔貅貙虎，以与炎帝战于阪泉之野"③。

在红山文化的舞台上，"五帝"都先后登场了。我们可以这样

---

① 见该书第82、83页，鹭江出版社，2003年。
② 吴振清校注《三十国春秋辑本》，第153页，天津古籍出版社，2009年。
③ 《史记·五帝本纪》，第3页。

认为:新石器时代后期的辽西地区就是"五帝"的历史后院,是中华文明的起源地之一。黄帝统领的有熊氏,就是从这里出发,"北逐荤粥",南征蚩尤,他们兼并了炎帝的桑干河流域乃至整个冀州,再向东、向南挺进,而涿鹿曾一度成了统治中心。古人已经注意到了涿鹿地位的古今之别:

> 以今观之,涿鹿,东北之极陬也,而以之建都;釜山,在怀来城北,而以之合符,则当时藩国之在其西北者可知也。秦汉以来,匈奴他部如尔朱、宇文之类,往往祖黄帝,称昌意后,亦一证也。①

尤应注意的是"颛顼之墟"。清人龚自珍在《壬癸之际胎观第三》一文中说:

> 夫始变古者,颛顼也。②

如何"始变",龚氏未说。人所共知,所指必然是"绝地天通"的"变古"。对此,郭大顺在《红山文化》中有很好的发挥③。我要补充说明的只有一点:发现"坛庙冢"的牛河梁遗址以及东山嘴遗址,距离"颛顼之墟"都不远。可以说就在其统治范围之内。

---

① 顾炎武《天下郡国利病书·北直隶备录下·黄帝作合宫》,第355页,上海古籍出版社,2012年。
② 《校订定盦全集》卷一,第9页,扫叶山房,民国九年。
③ 郭大顺《红山文化》,第202、203、208页,文物出版社,2005年。

现在回答第二、第三个问题。

肯定了"五帝"与红山文化的关系，五千多年前这一地区的语言状况也就不言而喻了。从黄帝到尧舜，他们的语言都属于华夷语系。但"五帝"之后，历经夏、商、周三代，尤其是春秋时期，在燕山南北，在秦晋燕北境，为什么冒出了那么多"北狄"呢？夷狄与华夏的军事对抗达到了白热化的地步。迄今为止，还没有人将"北狄"问题彻底说清楚。原因有三：

一是从司马迁开始就把概念搞混了。

二是把北狄的复杂来源简单化了。

三是北狄语族在战国时代已彻底消失，于是误以历史上所有的"北狄"族群全是异族入侵者。

司马迁在《匈奴列传》中将"赤翟""白翟"以及周襄王所娶之"狄后"与匈奴相提并论，又把山戎、猃狁、荤粥与匈奴等同起来，在概念上就相当混乱。他把"匈奴"这个概念扩大化了。从此以后，人们一说到"北狄"，即使不与匈奴画等号，也一定认为是"非我族类"。实则，"北狄"的来源很复杂。既有种族意义上的北狄，又有文化意义上的北狄。前者如匈奴、鲜卑、突厥、铁勒等；后者如赤狄、白狄、鬼方、长狄等。从语系来划分，后者在华夷语系的范围之内，我称之为"内北狄"，北狄语族就是指内北狄各族群所使用的语言。前者在华夷语系范围之外，我称之为"外北狄"，他们所使用的语言属于阿尔泰语系。

内外北狄虽属不同语系，而在五帝时代，由于地缘关系，双方的接触甚至发生战争，这是可以断言的。在慕容鲜卑、宇文鲜卑、托跋鲜卑的口传历史中，都将他们的远古祖先与炎帝或黄帝族群联系起来,只要用战争、扩张的观点细加分析,就能看到问题的实质所在。

前文谈到帝喾高辛氏留少子厌越邑于紫蒙之野,其后为慕容氏的问题。高辛氏为何要留少子居北夷呢?这显然是一种占领。统治者与被统治者属于不同种族,统治者因为人数少最终放弃自己的母语,以被统治者的语言为自己的语言,这样的例子并不少见。厌越君临鲜卑,自己也鲜卑化了。这位"有熊氏之苗裔"给后人留下的只是一种历史记忆。

《北史·周本纪》说宇文鲜卑:"其先出自炎帝。炎帝为黄帝所灭,子孙遁居朔野。其后有葛乌菟者,雄武多算略,鲜卑奉以为主,遂总十二部落,世为大人。"①

这种记载的底色无疑是真实的。除了"其先出自炎帝"一语过于绝对,"子孙遁居朔野"说明了炎黄之战的残酷性。打得赢就打,打不赢就逃。鲜卑奉其后以为主,也是统治者与被统治者属于不同种族。最终,逃居朔野的炎帝子孙鲜卑化了。他们也失去了自己的母语,但没有忘记自己的种根。

现在说托跋鲜卑与黄帝的关系问题。

北齐魏收《魏书·序纪》云:

> 昔黄帝有子二十五人,或内列诸华,或外分荒服。昌意少子,受封北土,国有大鲜卑山,因以为号。其后,世为君长,统幽都之北,广漠之野。畜牧迁徙,射猎为业,淳朴为俗,简易为

---

① 《北史·周本纪》,第311页。

化,不为文字,刻木纪契而已。世事远近,人相传授,如史官之纪录焉。黄帝以土德王,北俗谓土为托,谓后为跋,故以为氏。其裔始均,入仕尧世,逐女魃于弱水之北,民赖其勤(一作"勋"),帝舜嘉之,命为田祖。爰历三代,以及秦汉,獯鬻、猃狁、山戎、匈奴之属,累代残暴,作害中州,而始均之裔,不交南夏,是以载籍无闻焉。①

这是一篇有重大意义的史料文字,它来自于鲜卑族人的代代口传,其价值有"如史官之纪录"。后人从中可以获得哪些信息呢?

一是"昌意少子受封北土"。从地理位置而言,鲜卑在有熊国的北面,二者是邻居。这跟《后汉书·鲜卑传》记载是一致的:"鲜卑者,亦东胡之支也,别依鲜卑山,故因号焉……以季春月大会于饶乐水上。"注云:"水在今营州北。"《太平寰宇记·北狄五·鲜卑》对饶乐水的注释为:"在今柳城郡界"。对鲜卑山的注释也是"今在柳城郡界"。营州、柳城郡,也就是秦汉时期的辽西郡,在原始社会末期,此地为黄帝族群的发祥之地。

二是鲜卑与黄帝族群并非同一种族,语言、文化亦不同,昌意凭什么将鲜卑之地"封"给自己的"少子"呢?这正是占领与被占领的关系。昌意少子统治的是战败了的鲜卑族群,这才是"封"的实质。

可是,到了唐代李延寿撰《北史》时,将《魏书·序纪》开篇的"昔黄帝有子二十五人,或内列诸华,或外分荒服。昌意少子,受封

---

① 《魏书·序纪》,第1页。

北土",改为"魏之先出自黄帝轩辕氏,黄帝子曰昌意,昌意之少子受封北国"。这一改动,历史的真实面貌完全被歪曲了。凭什么说"魏之先出自黄帝轩辕氏"呢?这个说法给后人造成两重误解:北魏托跋氏冒充黄帝后裔;或者说黄帝本属北狄种族,非我"诸华"。所谓"出自"当然就是种族血缘关系,这与《魏书》说的"或内列诸华,或外分荒服",简直是风马牛不相及。

三是始均这个人物为传播"诸华"文明于"荒服"之国做出了重要贡献。

始均生活在尧舜时代,上距黄帝、昌意应该有上千年之久。马长寿拿《魏书·序纪》这条材料与大兴安岭北麓嘎仙洞之托跋鲜卑相比附,在时代上无法契合。他认为:

> 《魏书·帝纪·序纪》云:"国有大鲜卑山",此大鲜卑山当在今之大兴安岭的北段。又云:始均"逐女魃于弱水之北",此若水即今之嫩江。①

《序纪》中有一个重要事实马先生忽略了。始均被帝舜"命为田祖",始均所领导的鲜卑已进入农耕经济社会,至少不全靠"射猎为业"了。托跋鲜卑内部也有不同的氏族,他们从大兴安岭北麓往南迁徙过程中,在幽都之北,营州之北,遭遇黄帝族群,为昌意少子所征服,这是很合理的解释。所以始均"逐女魃于弱水之北"的弱水,根本不可能"即今之嫩江"。嫩江在黑龙江省西部,为松花江支流,

---

① 《乌桓与鲜卑》,第223页,广西师范大学出版社,2006年。

古名那河、难水。"那"虽可与"弱"相通,而与整个地理环境、位置不符。这里的"弱水"即弱落水,也即饶乐河("饶乐"与"弱落"音通),也就是今赤峰市北面的西拉木伦河①。而且尧的帝都在冀州,如果始均身处大兴安岭之北段,如何能"入仕尧世"?

黄帝、颛顼都是大巫师,始均逐女魃也是用巫术来抗旱,将原始华夏族的巫术文化引进给鲜卑部落。"托跋"一词成了鲜卑语,而这个词应与原始华夷语有关。"托"与"土"音近,而"跋""魃"我在前文已讲过,包含着巫术观念,与纳西族中的"毕""扒"从事祭祀活动有关。"托跋"这个名称应与祭土神有关。

始均这个人物最早见于《山海经·大荒西经》:

> 有北狄之国。黄帝之孙曰始均,始均生北狄。

《魏书·序纪》是这条材料最好的注脚。"北狄"作为国名最早见于此。但始均时代实无"北狄"之名,称鲜卑为北狄应是夏以后的事。所谓"始均生北狄",并不是始均是"北狄"的亲生父亲,鲜卑人由此而出,这纯属误解。这个"生"是什么意思呢?请听郭璞如何解释。《大荒东经》"帝俊生黑齿",郭注:

> 诸言生者,多谓其苗裔,未必是亲所产。②

---

① 都兴智《辽金史研究》,第247页:西剌木伦"是蒙古语的音译,'西剌'为黄色,'木伦'亦译作'沐涟',意为河。为了与中原黄河相区别,史家多译作潢河潢水……'西剌'亦译作'西喇''昔剌''失剌''佚剌'。《后汉书》、两《唐书》所记的饶乐水、弱洛水皆指今西剌木伦河。饶乐弱洛是'西剌''佚剌'的音转"。人民出版社,2004年。

② 转引自郝懿行《山海经笺疏》,《郝懿行集》第六册,第4976页,齐鲁书社,2010年。

据郭注,"始均生北狄"即始均的后裔有的演变为"北狄"。

《世本·氏姓》(秦嘉谟辑补本)云:

> 翟氏,黄帝之后,代居翟地,为晋所灭,氏焉。①

此"翟地"之"翟氏"与始均之"北狄"应该是有关系的。这也是内北狄产生的一个实例。

《魏书·序纪》说:"始均之裔,不交南夏,是以载籍无闻焉。"史家魏收只看到了现象,没有说出原因。"不交南夏"并非"始均之裔"的原因,而是匈奴侵占了"始均之裔"的故土,切断了他们和"南夏"的联系。这种情况发生在尧舜之后的夏王朝时代。徐中舒说:

> 匈奴帝国之兴起,实为东方史上划时代之大事。自此以前,中国与北狄居境相接,婚俗相通,中国文化自此而北,与秦汉以后中国文化自江淮而南者,其情事正复相似。匈奴帝国兴起以后,中国与北狄即以匈奴为之鸿沟而长此隔离……②

徐先生指出"中国文化自此而北"一语,极有见地,指出"中国与北狄""隔离"的原因,也很准确。我把这个"隔离"时代定在夏王朝时期,因为尧舜时代的北邻为鲜卑,而夏王朝时代的北邻已变成匈奴

---

① 见《世本八种》,第311页,中华书局,2008年。
② 徐中舒《北狄在前殷文化上之贡献——论殷墟青铜器与两轮大车之由来》,《先秦史十讲》,第56页,中华书局,2009年。

了。《史记·匈奴列传》说:"匈奴,其先祖夏后氏之苗裔也,曰淳维。"《索隐》引乐产《括地谱》云:"夏桀无道,汤放之鸣条,三年而死。其子獯粥妻桀之众妾,避居北野,随畜移徙,中国谓之匈奴。"

说匈奴的先祖乃"夏后氏之苗裔",固然不可信,却间接说明了二者地界相邻,故生出此种无根之谈。夏桀之子逃往匈奴,也是因为匈奴是北邻。这跟"炎帝神农氏为黄帝所灭,子孙遁居朔野(指宇文鲜卑)"(《周书·文帝纪》)的性质是一样的。

所谓"载籍无闻焉"又如何解释呢?因为始均后裔经匈奴冲击,必然发生分化,东西南北四处逃窜,逃往诸华的被目为"北狄",他们就与鲜卑大人有别了。"载籍无闻"这个说法也不算确切,"始均生北狄",这不就是有闻于"载籍"吗?问题在于魏收不能将这条材料与托跋鲜卑的口传历史联系起来,用发展的眼光、变化的观念来研究始均之裔。

"狄",作为部落的特定称谓始于夏代,还有个著名的例子,就是"有易"。《大荒东经》说:

> 王亥托于有易,河伯仆牛。有易杀王亥,取仆牛。河念有易,有易潜出,为国于兽。①

"为国于兽"是指在野兽出没的荒山野岭重建国家。郝氏将此故事定在"夏帝泄十二年及十六年"②。

---

① 《山海经笺疏·大荒东经》,《郝懿行集》第六册,第4977页,齐鲁书社,2010年。
② 同上。又见郝氏《竹书纪年校注》,《郝懿行集》,第3841页。

王国维《殷卜辞中所见先公先王考》说：

> 古狄易二字通，有狄即有易……狄易二字不知孰正孰借，其国当在大河之北，或在易水左右。①

狄之所以名为狄，其原始意义与"狄""易"无关，而是源于"翟"。《说文·羽部》："翟，山雉也。尾长。"段注："翟羽，经传多假狄为之。狄人字，传多假翟为之。"（第138页）段注的前半部分是对的，后半部分就要进一步分析。诚然，《说文》云："狄，北狄也，本犬种，狄之为言淫辟也。"（段注本，第476页）《白虎通·礼乐·论四夷之乐》："狄者，易也，辟易无别也。"《礼记·王制》："北方曰狄，衣羽毛、穴居，有不粒食者矣。"《正义》："东北方多鸟，故衣羽。……《风俗通》云：'父子嫂叔，同穴无别。狄者，辟也，其行邪辟，其类有五。李巡注《尔雅》云：一曰月支，二曰秽貊，三曰匈奴，四曰单于，五曰白屋。'"②《说文》《白虎通》《风俗通》所谓的"狄"都有敌义，"辟""易"均属声训（三字在上古均属锡部），所指均后来的外北狄。所谓"淫辟""辟易无别""邪辟"这种文化制度、观念上的差异，要到商周时代才突显出来。夏代的"北狄""有狄"之所以名为"狄"，来源于"翟羽""衣羽毛"这一特征，从音义两方判断，自应以"翟"为本字。

上文说了，以"狄"作为部落称谓始于夏代，而狄人以"衣羽毛"为特色在颛顼时代就有了。王嘉《拾遗记》（第17页）说：颛顼时代

---

① 《观堂集林》卷九，第420、421页，中华书局，1959年。
② 《十三经注疏·礼记正义》，第1338页。

的"溟海之北,有勃鞮之国,人皆衣羽毛"。

王嘉的记载必有更古的材料为据。其中的"溟海"前人认为是神话中的"海",我以为这里的"溟海"实指渤海湾,距上文谈到的辽西地区的"颛顼之虚"不远,"勃鞮"是属于狄人的部落名称。"勃鞮"一词告诉我们,他们就是后世称之为"翟"的人,理由下文再谈;他们所处之地与颛顼之虚为邻,也非翟莫属。羽毛甚多,衣羽毛之民亦甚多,但翟羽鲜艳多彩,最受翟族先民青睐,由此而获"翟"称,渐渐被定为族群称谓,当初并无丝毫贬义。

我们说原始意义上的翟人不用"狄"来表示,但"狄"字的产生以及《说文》说"狄""本犬种",可证这是两个来源有别的概念。先有"翟",后有"狄"。先有衣翟羽的"翟",后有"本犬种"的"狄"。《史记·赵世家》说:"翟犬者,代之先也。"代人的祖先以犬为图腾,所以许慎说"狄""本犬种"。严格来说,"翟犬"应作"狄犬"才符合其本义。据《太平寰宇记·蔚州·飞狐县》条载:

> 按代地,本北狄,姜姓之国,周末强大,在七国前称王,以今云中、马邑、五原、安边、定襄,皆为代国之北地焉。①

陈槃说:"《寰宇记》说她本姜姓之国,未详所据。姜姓亦华夏旧族,不过这只是指她的始封君而说。"②

姜姓为炎帝后裔,跟黄帝后裔一样,是华夏语族的主体族群,

---

① 《太平寰宇记》卷五一,第1065页。
② 《旧学旧史说丛·春秋列国风俗考论》,第527、528页,上海古籍出版社,2010年。

而姬姜二姓都有未融入华夏语族的部落分支,姜姓与西戎结合,姬姓与北狄结合,故商周时代的戎、狄,事实上都已经过不同程度的重组。戎狄关系之密切到了混而难分的地步。有的记载以为二者本属同源,这也不奇怪,从根上来说,姬姜原本同源,戎狄的分分合合亦势所必然。地缘、婚姻、商业往来、农业水利、游牧迁移,都在缩小彼此之间的差异,但戎与狄的差异还是存在的。

《史记·晋世家》"重耳遂奔翟",《会注考证》本《正义》引《风俗论》云:

> 《春秋传》曰:"狄本山戎之别种也,其后分居,号曰赤翟、白翟。"①

山戎即北戎、无终。《史记·匈奴列传》"唐虞以上有山戎",《正义》:"杜预云:'山戎、北戎、无终三名也。'《括地志》云:'幽州渔阳县,本北戎无终子国。'"(第2880页)北京市文物研究所研究员靳枫毅"亲历七年发掘燕北山戎文化遗存"。他说:"在商周时期,这个燕山地区就盘踞活动着一个非常重要的、古老的游牧部落——山戎。""山戎在什么地方活动呢? 在燕北,就是昌平以北,居庸关,出了居庸关、八达岭,那个军都山;再往北,赤城、张家口;再往北承德,到东边卢龙、乾(盈按:似应作"迁")安这一带。通常山戎的活动范围就在山区里边,山谷间活动。""山戎文化的分布地理,包括了北京的北部的潮白河流域、桑干河流域、洋河流域、滦河流域和

---

① 《史记会注考证》卷三九,第22页,北岳文艺出版社,1999年。

青龙河流域的一部分。"①考古发掘证明:前人以山戎为"匈奴别名也"②,根本是不可信的。

商周时代山戎活动的地区,在炎帝、五帝时代正是原始华夏族群的生息之地,山戎的祖先是谁呢?从他们以山区活动为范围的特点来看,他们的祖先很可能是炎黄大战时的失败者,他们没有能够进入农业社会,是时代的落伍者,他们的语言应基本上保持原始华夏语的特点。总之,他们不是来自蒙古高原的游牧族群,是土生土长的冀北山民。

商周以后的山戎到哪里去了?"狄本山戎之别种"正好回答这一问题。王国维说:

> 自幽平以后,至于春秋隐桓之间,但有戎号;庄闵以后,乃有狄号。"戎"与"狄"皆中国语,非外族之本名。③

在中国语境中,为什么会发生由戎到狄的变化呢?这跟山戎的活动范围发生变化有关。他们乘周王朝统治势力衰败之机,由冀北到冀中甚至到冀南,伐邢、灭卫、灭温,对华夏族造成了严重威慑,《公羊传》僖公四年云:"南夷与北狄交,中国不绝若线。"

但"狄本山戎之别种"之"狄",仅指燕北、冀东地区"山戎之别种",不是说所有的"北狄"均来自山戎,更不能误解为"狄"这个称号是庄公、闵公以后才产生的(王国维所言只适用于《春秋》

---

① 靳枫毅《燕北山戎的兴起与灭亡》,《北京青年报》2010年7月21日。
② 《史记·五帝本纪》"北逐荤粥"司马贞《索隐》,第7页。
③ 《鬼方昆夷玁狁考》,《观堂集林》卷十三,第603页。

《左传》)。

到此为止,关于北狄,我已经梳理出:

1. 《大荒西经》始均所生之北狄;
2. 《大荒东经》杀王亥之有易(狄);
3. 颛顼时代溟海之北的"勃鞮之国";
4. 代国姜姓的"翟犬";
5. 燕北山戎之别种:狄。

其中1、3两类与红山文化有直接关系。根据我个人所掌握的有限文献资料来看,北狄内部种族复杂,发展演变的历史起码也在三千年左右,不可用一成不变的观点来看待北狄问题。就北狄语族而言,春秋时代还有五大重要成员:

由鬼臾(kuǐ)氏演变而来的赤狄隗氏;

由防风氏演变而来的长狄;

由皋落氏演变而来的赤狄别种;

由姬姓演变而来的雍州白狄;

白狄别种中山鲜虞国。

此五种北狄前人分为三类:赤狄、白狄、长狄。《左传》宣公十五年《正义》曰:"谓之赤、白,其义未闻。盖其俗尚赤衣、白衣也。"①也就是说,赤、白之分可能与部落的颜色崇拜有关。

现在,先说赤狄隗氏。

春秋时期的北中国似乎一下子冒出了许多狄人,对华夏族几乎形成半包围状态。不仅"晋居深山,戎狄与之邻"(《左传》昭公十

---

① 《十三经注疏·春秋左传正义》,第1886页。

五年),就是周王朝也面临"王室将卑,戎狄必昌"的危险局面。史伯曰:"当成周者,南有荆蛮……北有卫、燕、狄、鲜虞、潞、洛、泉、徐、蒲;西有虞、虢、晋、隗、霍、杨、魏、芮;东有齐、鲁、曹、宋、滕、薛、邹、莒;是非王之支子母弟甥舅也,则皆蛮、荆、戎、狄之人也。"(《国语·郑语》)韦注:"狄,北狄也。鲜虞,姬姓在狄者也。潞、洛、泉、徐、蒲皆赤狄,隗姓也。"成周北面共有九国,有七国为狄族,其中五国为赤狄隗姓,西面还有一个隗国。王国维说:"春秋诸狄皆为隗姓是也……案他书不见有隗国,此隗国者,殆指晋之西北诸侯,即唐叔所受之怀姓九宗,春秋隗姓,诸隗之祖也。原其国姓之名,皆出于古之畏方。"王氏又认为,"畏方"即"鬼方","鬼方、昆夷、薰育、猃狁,自系一语之变,亦即一族之称,自音韵学上证之有余矣。"这"一族""又称之曰胡、曰匈奴"①。王国维的这篇《考》,影响深远,而错误也很严重。他用音韵学上声转之法,将"鬼方"与"昆夷""猃狁""薰育""匈奴"都等同起来,与实际情况完全不符;所谓"春秋诸狄皆为隗姓"也纯属主观武断。但他指出"隗"与"怀"通,这是正确的。刘师培在《氏姓学发微·一姓误歧为数姓》中也有此判断:

又,《大戴礼·帝系篇》云:"陆终娶鬼方氏之妹女隤,生六子。"《世本》作"嬇",《汉书·人表》作"溃",盖贵、鬼古通。女隤出于鬼方氏,故女隤即女鬼之异文……厥后女隤之后蔓延中国,或以母姓为姓。由是在西南则曰夔……在淮北者则曰归……在晋国者则曰怀,《左传》定四年言周锡唐叔"怀姓九

---

① 《鬼方昆夷猃狁考》,《观堂集林》卷十三,第583页。

宗","怀"亦与"鬼"同,则怀姓亦女嬇之后。在赤狄者为隗姓,《左传》僖二十二年:"狄人伐廧咎如,获其二女叔隗、季隗,纳诸(晋)公子。""隗"字既与"夔"同,则隗姓亦夔之胄,故知夔、归、怀、隗同为一姓,以鬼方得名,皆"嬇"之异文。然前儒说《左传》,未有能明此谊者矣。①

刘、王二人论"鬼方",个别结论一致,而出发点、大前提完全不同。刘氏是在古"帝系"范围之内来论"鬼方",而王氏则将"鬼方"当作"外族",与"薰育""匈奴"画等号。王氏预设的大前提已错,所谓"音韵学上证之有余"则纯属空话。在这个问题上,刘师培的论述远比王国维高明,可信。

据《世本》《汉书·古今人表》记载,陆终是黄帝的裔孙,而女嬇(㥯)是谁的后裔呢?"鬼方"乃商代方国名称,它原本有两个意思:一是指西方的一个方国,二是引申为泛指远方。如《诗·大雅·荡》:"内奰(bì,又 bèi)于中国,覃及鬼方。"毛传:"鬼方,远方也。"《后汉书·章帝纪》:"仁风翔于海表,威霆行乎鬼区。"注:"鬼区即鬼方。"此二例均泛指。作为具体的方国,鬼方氏在陆终时代又叫什么呢?也就是说女嬇时代尚无"鬼方"之名,"鬼方"之名从何而来?刘师培给我们留下了一个疑问。因此,所谓"女嬇之后蔓延中国"一语,大大夸张了陆终和女嬇的实际影响。

我以为"鬼方""女嬇"来自鬼臾区。"鬼方"是"鬼臾区"在商代的称谓,"女嬇"是"鬼臾区"在陆终时代的一种称谓。

---

① 《刘师培史学论著选集》,第410页,上海古籍出版社,2006年。

伍 证据之三:考古文化　127

"鬼臾区"又是谁?《史记·封禅书》说:"鬼臾区,号大鸿,死葬雍,故鸿冢是也。"①又说:"自华以西,名山七",其六曰"鸿冢"。《索隐》(第1373页):"黄帝大臣大鸿葬雍,鸿冢盖因大鸿葬为名也。"又,《史记·五帝本纪》云:"(黄帝)举风后、力牧、常先、大鸿以治民。"②

再进一步查考,我们发现:"鬼臾"就是"魁隗",也写作"塊隗""塊巋"。《汉帝尧碑》云:"帝尧者,昔日之圣王也。其先出自塊隗。"(《金石录》卷16,《隶释》卷1)这是炎帝氏族的另一称谓。《太平御览·皇王部·炎帝神农氏》引《帝王世纪》曰:"神农氏,姜姓也……本起烈山,或时称之。一号魁隗氏,是为农皇。"③《册府元龟·帝王部》也有相同的文字。"鬼"姓、"隗"姓以及与之音同音近的"嬇""溃""隤""贵""媿""归""怀"和商代的"九(侯)"以及《诗·小雅·小明》中之"艽(野)",均由"魁隗"演变而来④。

魁隗氏,也就是鬼臾区,在黄帝时代一定是一个了不起的姜姓族群。《轩辕本纪》说"鬼臾区占星"(《云笈七签》第2165页)。跟蚩尤一样,通巫术,懂军事,后人还冒充他的名来作兵书三篇,收入《汉书·艺文志》。这里要纠正一个起码在汉代就已出现的大错。"鬼臾区"错写成"鬼容区"。将"臾"误写作"容",是先误其音,后误

---

① 《史记·封禅书》,第1393页。
② 《史记·五帝本纪》,第6页。
③ 《太平御览·皇王部·炎帝神农氏》,第365页。
④ 《诗·小雅·小明》:"至于艽野。"宋翔凤《过庭录》云:"艽野即鬼方。""艽野在西方三千里之外,酒白西戎之地……鬼与艽声相近,故鬼方亦谓之艽野。"(第130页,中华书局,1986年)又,马瑞辰《毛诗传笺通释》批评宋翔凤以艽为鬼之假借,亦非。欠妥。

其形。

《汉书·古今人表》在力牧、风后之后，封胡之前，为"鬼臾区"。这个名字本来正确无误，而师古曰："即鬼容区也。臾、容声相近。"（第868页）这是原文正确，注释错误。《汉书·艺文志》兵书略有"鬼容区三篇"。师古曰："即鬼臾区也。"王应麟《汉志考证》："《封禅书》鬼臾区号大鸿。"①这是注释正确，原文错误。

错误的原因起于音。原来"臾"字有四个读音：yú, yǔ, yǒng, kuì。有人将"鬼臾(kuì)区"误读为"鬼 yǒng 区"，进而改变字形作"鬼容区"。臾(kuì)是"蕢"的古文。《说文》"蕢"字条云："臾，古文蕢，象形。《论语》曰：'有荷臾而过孔氏之门'。"段注："此古文《论语》也。"（第44页）其实，《说文》"臾(yú)"从申从乙，和"臾(kuì)"在形体上有别，后来混而为一了。

上文我们肯定了"鬼臾"（即"魁隗"）属于炎帝族群，又知道这个族群的大鸿氏为黄帝大臣之一，他们的发源地在西方雍州，《后汉书·西羌传》注引《竹书纪年》云："武乙三十五年，周王季伐西落鬼戎，俘二十翟王"（2871页），这条材料，"戎""翟"并用，"西落"即西方部落，其地在雍州。所谓"鬼戎""鬼方""隗国"均由"鬼臾"演变而来，那么他们的语言无疑属于原始华夷语系。故陆终氏娶女嬇(kuì)为妻，周襄王"以狄伐郑"，以狄女隗氏为后，公子重耳取季隗、赵衰妻叔隗，都足以证明狄语和华语虽然有别，但绝非语系的不同。完全不能跟匈奴扯在一起。只有在"泛指远方"时，才可用于指"外北狄"诸族。

---

① 陈国庆编《汉书艺文志注释汇编》，第194页，中华书局，1983年。

"鬼臾"的后人,也就是大鸿氏的后人,有的成为华夏族的中坚势力,如帝尧,有的则被诸华目为"狄",根本原因在于文化上的差异。从五帝时代到春秋的两三千年间,华夏文明礼仪制度发展到"郁郁乎文哉"的地步,而"戎狄荐居,贵货易土"(《左传》襄公四年)。因为"荐居",就没有宗庙社稷,还保持原始时期"被发而祭于野"(《左传》僖公二十二年。又《后汉书·五行志一》引应劭曰:"昔辛有睹被发之祥,知其为戎。")的习俗,当然也没有开拓进取的意识形态;因为"易土",故没有统一的坚强的国家机构,故孔子说:"夷狄之有君,不如诸夏之亡也。"(《论语·八佾》)这些就注定了在狄与夏的争斗中,狄人必败。

狄人败于文明,而不是败于侵略。真正的侵略者是周人。他们把本属"蛮夷戎狄"的土地,一律分封给"王之支子母弟甥舅",造成华夷杂处的地缘关系。到了春秋时期,人口增加,诸姬内部都常常争地以战,何况对落后的狄人呢。雍州、冀州,既是华夏族的祖居地,也是狄人的祖居地,周人、秦人、晋人都是靠占领消灭戎狄而发展壮大的。"狄之广莫,于晋为都。晋之启土,不亦宜乎!"这就是强者的逻辑。周初赐给唐叔的"怀姓九宗",本是土生土长的古老居民,这些鬼臾区的后裔,经历了上千年的衰败,完全失去了祖先大鸿氏的辉煌,成为周人的奴役对象。他们在自己的土地上起来反抗一下,做最后挣扎,这不是很正常吗!

可惜,他们不仅失去了土地,也失去了自己的语言,以全盘华化而告终。

现在谈由防风氏演变而来的长狄。

在华夷语系北狄语族中,防风氏历史最悠久,知名度也最高。

不仅孔夫子研究过他,秦汉许多名著也提到他,在讲大高个儿时,往往拿长翟来说事。防风氏的历史起点在何时?

因为防风氏可能姓釐,王引之就说:"然则防风氏殆黄帝之后欤?"刘师培又认为防风与九黎、三苗"均同族也,盖神农之后"①。

我以为防风氏的历史起点比炎黄二氏还要早,至少不会晚于炎黄二氏。防风氏姓风,属于太昊伏羲氏后裔。它的发祥地在今山东地面,那是二昊的根据地。防风氏是神权时代的"神",非"社稷之守",是"山川之灵"的神守,其具体职责为"守封嵎之山者也"(《国语·鲁语下》)。与《论语·季氏》中那个东蒙主颛臾,《左传》僖公二十一年说的任、宿、须句等一样,都是风姓,都是太昊伏羲氏的后裔,春秋时它们都已有三四千年的历史,都是神守时代的活化石,残余势力。

但颛臾等族群的语言应属于华夏语族,防风氏为何变成了北狄呢?他们的语言有何变化?为什么他们从山东地面的会稽山迁徙到今浙江的会稽山,又从浙江的会稽山北上到辽西的会稽山呢?(古会稽有三,为董楚平说。见杨向奎《历史与神话交融的防风氏》所引。)

他们第一次迁徙的原因、时间,可能是黄帝杀二昊的某次战争。他们是失败者,于是沿海南下到了浙江会稽之山(古防山也),他们在虞夏时名曰"防风",这个"防"据《水经注·渐水》注:"会稽之山,古防山也。"防山之风姓即"防风氏"得名之由。他们在这里起码有一千多年的历史,故他们的语言,在虞夏时期应属于百越

---

① 《氏姓学发微》,《刘师培史学论著选集》,第412页,上海古籍出版社,2006年。

语。不知他们由于什么原因又遭遇到禹部落的镇压。《国语·鲁语》引孔子给出的理由是：

> 昔禹致群神于会稽之山，防风氏后至，禹杀而戮之。

如果仅仅因为开会迟到就"杀而戮之"，这个理由似乎有些站不住。很可能是禹族群侵占了他们的领地。而且，防风氏后来之所以北上辽西，与禹部落对他们的镇压应有直接关系。

据《元和郡县图志》《太平寰宇记》等古地理书记载，古防风氏之国，其地在《禹贡》扬州之域，后来的武康、德清一带。

> 武康县，古防风氏之国……防风山，在县东一十八里，先名封嵎山，唐天宝六年敕改焉。其一名风公山，一名风渚山。古防风氏之国。风公者，以其山上有风公祠。风渚者，以山下有风渚水……山东南二里有嵎山，禹十二代孙帝嵎所居也。①

封嵎，又写作"附禺""鲋鱼""务嵎"等，古音相同或相近。这也是华夷语系留下来的化石词，其原始含义是什么，我将在别的文章中细论。据此记载，嵎山与封嵎山为两山，但顾祖禹的《读史方舆纪要》以"封山"立目，这是依韦昭的《鲁语》注："封、禹，二山名。"顾说："或以封山为封禺山，误矣。"（卷九十一，第 4196 页）《说文·山部》："嵎，封嵎之山也，在吴楚之间、汪芒之国。"段注云："《鲁语》：

---

① 《太平寰宇记·江南东道·湖州》卷九十四，第 1886、1887 页。

孔子曰:防风氏者,汪芒氏之君也,守封嵎之山者也。韦云:封,封山;嵎,嵎山。在今吴郡永安县(即武康县)。按据许则封嵎乃一山名耳。今封嵎二山在浙江省湖州府武康县东,实一山也。"[①]我以为分歧的由来,即在于"禹十二代孙帝嵎所居"之嵎山,本属封嵎山的一部分,后独立名为"嵎山","帝嵎"之名亦由山而起。

这条材料更深层的意义在于,杀防风氏者并非以治水著称的大禹,大禹是否来过封嵎之山,是否到过浙江会稽,还要打个大问号(王充《论衡·书虚》云:"舜至苍梧,禹到会稽。非其实也。")。但他的十二代孙以"巡守"的名义驻到了嵎山,《吴兴志》有明文记载[②]。上文说禹族群侵占了防风氏的领地,侵占者就是禹之十二代后裔帝嵎。总之,防风氏是此地的原主人,禹族群是后来的入侵者。关于防风氏的风俗习惯,武康一带的古传说提供了有价值的原始信息。请看《述异记》中保存的两条资料。

第一条为《苏氏演义》转引《述异记》云:

> 至今南中有防风氏,人皆长大,越俗祭防风神,奏防风古乐,截竹长三尺吹之,音如狗嗥,三人被发而舞于庭。

南朝梁时南中仍有防风氏后裔,他们应属于百越语族,与西周时期称之为"长狄",春秋时称之为"大人"的防风氏在语言上肯定有别了。但大高个、祭神用古乐、被发而舞这些特点应该是共同的。

[①] 段玉裁《说文解字注》,第438页。
[②] 《读史方舆纪要》卷九十一,第4196页。

第二条董增龄《国语正义》转引任昉（南朝梁人，《述异记》作者）云：

> 吴越防风庙，其神龙首牛耳，连眉一目，足长三尺，南人姓防风氏，即其地，皆长大。越人祭之，奏防风乐……①

"其神龙首"这一点很重要，太昊伏羲以龙为图腾，也可证防风氏为太昊族群后裔。

防风氏的两次迁徙，其内部必然发生分化，有的留守本土，有的寻找新的领地。所以从山东迁浙江之后，山东直到春秋时期仍有鄋瞒侵齐伐鲁之战；从浙江迁辽西之后，直到南朝梁南中仍有防风氏。《说文》"鄋"字许慎释义："北方长狄国也，在夏为防风氏，在殷为汪芒氏。"段注："周世其国北迁为长翟也。"②"北迁"究竟在何处？《山海经·大荒北经》："有人名为大人。有大人之国，釐姓，黍食。"由风姓变为釐姓，并不等于他们就是黄帝后裔，也可能与釐姓氏族通婚，母系为釐，也可能与釐姓氏族联盟，人称之为釐姓。防风氏北迁后属于大人之国，是经孔夫子肯定了的。《淮南子·时则训》："东方之极，自碣山过朝鲜，贯大人之国。"又，《氾论训》："东至会稽，浮石。"高诱注："会稽，山名也。浮石，随水高下，言不没。皆在辽西界。"防风氏北迁后就在辽西一带活动，而且被此地的鲜卑人征服。这段历史在鲜卑人后裔土族中盛传不衰。吕建福《土族

---

① 《国语正义·鲁语下》卷五，第33页。
② 《说文解字注》，第290页。

史》说:"土族传说的汪芒人,疑即古史记载的汪芒氏。""汪芒人的原居地在辽西一带,土族所征服汪芒人的故事源于辽西。"①这则传说有益于解释下面这样的历史事实,汪芒人在辽西地区被鲜卑人击溃之后,向南流窜到中原地区,多次发起战争,直到被彻底消灭。《穀梁传》文公十一年:

> 传曰:长狄也,弟兄三人,佚害中国,瓦石不能害……

杨世勋《疏》引《春秋考异邮》云:

> 兄弟三人,各长百尺,别之国,欲为君。

杨《疏》又云:

> 以长狄兄弟,更害中国,祸害为深。

又引《公羊传》云:

> 兄弟三人,一者之齐,一者之鲁,一者之晋。②

所谓"兄弟三人"之"兄弟"与"蚩尤兄弟八十一人"(《龙鱼河图》)之

---

① 《土族史》,第2、3页,中国社会科学出版社,2002年。
② 《十三经注疏·春秋穀梁传注疏》卷十一,第2408页。

"兄弟",性质一样,都是指种落分支。被鲁人俘获的侨如,晋人俘获的焚如,齐人俘获的荣如,卫人俘获的简如,以及宋人俘获的侨如之先缘斯(见《左传》文公十一年),这些人名既是部落大人的称谓,又是部落本身的称谓。总起来只有"兄弟三人",说明他们的人数已非常之少,但他们仍为游牧部落,流动性大,造成的破坏性也大。华夏人称长翟为"鄋瞒",明显有贬义在其中。"瞒"即"蛮",有野蛮不开化之义。"鄋"为何义?这应是原始华夷语系留下来的古词。《华阳国志·南中志》说:"夷人大种曰昆,小种曰叟。""鄋瞒"即小股野蛮部落。"鄋瞒"并非具体地名。顾祖禹以为"鄋瞒"在山东济南府北境,段玉裁已有驳议(段注"鄋"字)。《说文》虽然将"鄋"作为国名,但只释为"北方长狄国也",没有说某地名叫"鄋瞒"。部族名称也可以是地名,而"鄋瞒"并非地名,只是诸华加给他们的一种蔑称。

在长达三千年的历史演变过程中,防风氏几经分化,他们的语言族属也非始终如一,而最后以"北狄"定格。他们始终属于华夷语系大范围之内,这是可以肯定的。关于防风氏的研究,可参阅杨向奎的《历史与神话交融的防风氏》(收入《杨向奎学术文选》,人民出版社,2000年)。据杨文说,董楚平著有《防风氏的历史与文化》一书,很遗憾,我未见到此书。

下面谈由皋落氏演变而来的赤狄别种。

把皋落氏归入华夷语系北狄语族的根据是什么,只有揭示"皋落"的原始含义才能找到正确答案。"皋落"也是原始华夷语系留下来的化石词,我们先梳理相关材料,再来论证。

《左传》闵公二年:"晋侯使大子申生伐东山皋落氏。"

杜注:"赤狄别种也。皋落其氏族。"

《正义》:"白狄与秦相近,当在晋西,此云东山,当在晋东。宣十五年,晋师灭赤狄潞氏,潞则上党潞县,在晋之东。此云伐东山皋落氏,知此亦在晋东,是赤狄别种也。皋落其氏族也。此族之人,狄之渠帅也。"①

杨伯峻《春秋左传注》:"今山西省垣曲县东南有皋落镇,当即故皋落氏地。山西省昔阳县东南七十里亦有皋落镇,《寰宇记》谓此即东山皋落氏之地,恐不确。"②

《水经注·河水》经文:"又东过平阳县北,清水从西北来注之。"

《注》:"清水……东南流出峡,峡左有城,盖古关防也。清水历其南,东流经皋落城北。服虔曰:'赤翟之都也。'世谓之倚亳城,盖读声近转,因失实也。《春秋左传》所谓'晋侯使太子申生伐东山皋落氏'者也。"③

以上两说,各有所本。主张东山皋落在今山西垣曲县者来自《水经注》;主张东山皋落在今昔阳县者来自《左传》正义。

"皋落"因为是原始华夷语留下来的记音词,所以还有多种不同的写法。

《左传》僖公九年、十五年、二十四年中之"高梁""高梁之虚",以及《魏书·地形志》平阳县高梁城,都是"皋落"的音转,其地在今山西临汾市东北。

---

① 《十三经注疏》,第1788页。
② 杨伯峻《春秋左传注》,第268页。
③ 《水经注·河水》卷一,第73页。

《战国策·赵策一》之"皋狼"①,《魏策一》之"皋梁"②,《史记·赵世家》之"郭狼"③,也都是"皋落"之音转。其地即《汉书·地理志》西河郡的皋狼县,在今之吕梁市离石一带。

可见,"皋落"一名,因时因地有别,但都不出山西境内。

"皋落"是什么意思?当然是地名。这个地名包含着什么样的原始信息呢?从清至现代曾有人试图揭秘。洪亮吉说:

> 《地理志》,西河有皋狼县。今考《左传》闵公二年,晋伐东山皋落氏。是皋狼系皋落之转音,非二地也。《史记·秦本纪》又云:蜚廉有子季胜,生孟增。孟增幸于周成王,是为宅皋狼。又云:皋狼生衡父。则皋狼系人名。岂汉时立县,即以人名为地名,如益州郡不韦之比耶?疑宅皋狼者,孟增始居于皋狼,故云"宅"耳。张守节《正义》于"宅皋狼"下亦云:"西河郡皋狼县也。"是可证矣。④

洪亮吉以"皋狼系皋落之转音",又以为"皋狼系人名","汉时之县以人名为地名",这些判断都是对的。但以"东山皋落"与西河皋狼"非二地",欠确。上文已说明,西河皋狼在今之吕梁市离石一带,东山皋落氏在今之运城市垣曲县。又中华书局1962年第2次印

---

① 《战国策·赵策一》,第587页,上海古籍出版社,1978年。
② 《战国策·魏策一》,第775页。
③ 《史记·赵世家》,第1806页。
④ 洪亮吉《晓读书斋二录》上。转引自陈槃《春秋大事表列国爵姓及存灭表撰异》(三订本)下,第1003页,上海古籍出版社,2009年。

刷的《史记·秦本纪》及《赵世家》据《索隐》将"宅皋狼"三字作为地名,在三字左侧加地名线,大错。"宅"乃动词,是居住的意思,《正义》(第176页)云:"孟增居皋狼而生衡父。""居"就是"宅"的译文。所谓孟增"宅皋狼,皋狼生衡父",前一"皋狼"是地名,是周代以前就有的古地名,后一"皋狼"乃人名,指赵国的祖先之一孟增,汉立皋狼县,又以人名为地名。"皋狼"的原始本义是什么?洪亮吉也没有说清。

姜亮夫先生也对"皋落"的起源有过简略的推论。他说:

> 皋陶国 禹臣中以皋陶最老,历世三朝。也惟皋陶是夏民族,夏民族大概是使用陶器的民族,这在近来仰韶期发现的陶器上可以看出。又《吕氏春秋》亦言"昆吾作陶",昆吾为夏后亦可证皋陶颇可疑即尧的"陶唐"。今山西霍县东有陶唐谷。又《左传·闵公二年》有皋落氏,"落"在来母,与透母的"陶"为双声,或即皋陶之变,其地在今山西垣曲县。《人表考》偃姓又名繇,当即"咎犹"一声之转。①

姜先生的推断极为粗疏,将一些无关的材料硬拼在一起。但他指出"皋落""或即皋陶之变",皋陶即咎繇(gāo yáo),这都是对的。只不过他讲的音变根据,却是错误的。他以"落陶""为双声"并不错,如非"双声","皋落"怎么能是"皋陶之变"呢。但二者双声并非

---

① 《夏殷两民族若干问题汇述》,见姜亮夫著《国学丛考》,第559、560页,浙江大学出版社,2008年。

"落"在来母,与"透母"的"陶"为双声。"陶"在上古中古均属定母,非透母,与来母发音大别,二者怎么构成"双声"呢。而我在前面说他以"落陶为双声"并不错,又是怎么回事呢。这是因为"陶"在原始华夷语中或者说在远古时期读喻四,而那时的喻四读同来母。"皋陶即咎繇"可证"陶""繇"音同,"繇"的声母即喻四。只有在这样的条件下,"落"与"陶"才构成双声关系。据《魏书·地形志》载:太原郡的平遥,汉晋时名"平陶",后改"陶"为"遥"。"遥"亦喻四,北魏时其音读如何,有待研究。但"陶""遥"关系之密切是可以肯定的。

我在《商代复辅音声母》中探讨了"陶"的音变问题。指出:"陶为匋之后起字",并引段玉裁说:"匋窑盖古今字"。结论性的意见是:"陶(匋)读徒刀切是喻四由 l＞d 之后的事情。"①

按照这样的音变原理才可确证"皋落"即"皋陶"的推断。当然,这还远远不够,必须从意义上证明"皋落"与"皋陶"的关系。

洪亮吉已指出:皋狼系皋落之转音,皋狼即《秦本纪》之孟增。姜亮夫又指出:皋落或即皋陶之变。再进一步研究,就是揭示皋陶与孟增的关系,皋陶为什么叫皋陶。这两点搞清楚了,"皋陶"得名之由就清楚了。

据《秦本纪》《赵世家》记载,皋陶是秦赵共同的男性始祖。皋陶的母亲是帝颛顼之苗裔女脩,"女脩织,玄鸟陨卵,女脩吞之,生子大业"②。大业是谁?《正义》(第173页)引"《列女传》云:'陶子生五岁而佐禹。'曹大家注云:'陶子者,皋陶之子伯益也。'按:此即

---

① 此文收入何九盈《音韵丛稿》,第15页,商务印书馆,2002年。
② 《史记·秦本纪》,第173页。

知大业是皋陶"。皋陶的父系是谁?《赵国史稿》的作者说:

> 从女脩吞下鸟卵而生下赵氏祖先大业一事考察,他应当来自东方以鸟为图腾的氏族。此即古代东夷部落中的少昊氏族。
> 传说:"皋陶生于曲阜"。(《史记·夏本纪》)《正义》引《竹书纪年》,表明他是居住在曲阜的少昊氏繁育出的后代。皋陶偃姓,偃嬴一音之转,这二姓,实在就是一个族姓的分化。①

推断皋陶"应当来自以鸟为图腾的氏族",为"少昊氏繁育出的后代",很有道理。我还可以用"皋陶"这个词自身的初义来证成其说。

"皋陶"的原始含义是部落名称,是以鸟为图腾的部落名称。

"皋陶"("皋狼")就是鸟名。证据?扬雄《方言》卷八(第168页):

> 鸠,自关而东,周郑之郊,韩魏之都,谓之鶌鸠(按:戴震《方言疏证》音郎皋)。

戴震《方言疏证》、钱绎《方言笺疏》均引陆机《诗草木疏》云:

> 雉,今小鸠也。一名鹁鸠。幽州人或谓之鹁鸠。

戴、钱二氏均谓"鹁鸠,即鶌鸠之误倒也"②。

---

① 沈长云等著《赵国史稿》,第35、36页,中华书局,2000年。
② 钱绎《方言笺疏》卷八,第8页,上海古籍出版社,1984年。

"误倒"之说是错的。"鸀䳢""䳢鸀"之别,乃方言不同之故。古并州、幽州,在《禹贡》中均属冀州,此地称小鸠为"皋狼",恰好证明陆机的记载是以方言为依据的,根本就不是属于"误倒"。

"皋狼",也即"䳢鸀",也即"皋陶",原本是五帝时代就已存在的部落,经过一两千年的演变,随着部落的迁徙、分化,于是产生了"高梁""皋落""皋狼""皋梁""郭狼"这样一些义同而形、音稍有差别的名称。而周成王时代那位"宅皋狼"的孟增,据《秦本纪》及《赵世家》记载,其远祖正是皋陶。

孟增"宅皋狼"究竟意味着什么? 给后人提供了什么样的重大历史信息? 大概从来没有人思考过。简言之,这是解开皋落氏与赤狄之谜的关键所在,下面再谈。

在整个新石器时期一直到夏商周三代,皋陶族群都是人数众多影响颇大的一个族群。按父系他们都属于少昊氏,属于东夷语族(即百越语族),今山东、安徽一带,在原始时期以及农业社会初期,皋陶子孙后裔有开土之功。按母系他们属于颛顼氏,为黄帝后裔,属于华夏语族,主要活动于古冀州之黄河流域。他们怎么会与赤狄发生关系而且成为赤狄中的一个族群甚至是"狄人之渠帅"呢?《史记·秦本纪》说,皋陶的儿子大费(即伯翳,也写作伯益),"其玄孙曰费昌,子孙或在中国,或在夷狄"[①]。对于原始的著名部落而言,这几乎是一个普遍现象,皋陶氏的子孙后裔也不例外,孟增就是"在夷狄"中的一例。

孟增本人当然不是"北狄",而他所宅之皋狼早已赤狄化。也就是说,皋陶氏的某一个分支早在周成王时代之前就已与鬼臾氏

[①] 《史记·秦本纪》,第174页。

杂处,但他们仍然保持自己的图腾称谓,而语言、衣服则受鬼臾氏的影响,毫无疑问,孟增的后裔又发生分化、迁徙,上演同样的"或在中国,或在夷狄"的演变过程。在中国造就了一个赵国;死守在皋狼地区的,不求进步,不求改革,就成了落后挨打的皋落氏。请注意:不论"在中国"还是"在夷狄",语言可以变,衣服可以变,只有图腾崇拜很难变。不仅皋陶的偃姓为鸟名,赵之为赵亦来自鸟图腾。《史记·夏本纪》:"帝禹立而举皋陶荐之。"《正义》(第83页)引《帝王纪》云:"皋陶生于曲阜。曲阜偃地,故帝因之而以赐姓曰偃。""偃地"之"偃"应是以鸟崇拜而得名,其字作"鷃"。《尔雅·释鸟》:"鷃,凤,其雌皇。"这是禹的赐姓。而皋陶作为部落,时代大大早于夏代,与少昊氏相接,所以,用"皋陶"(也即"鸠",在上古音中"皋"与"鸠"同为见母幽部)作为图腾是新石器时代的事,以"鷃"作为图腾是夏代的事。"赵"与鸟图腾有什么关系呢?《左传》昭公十七年云:"伯赵氏,司至者也。"杜注:"伯赵,伯劳也。以夏至鸣,冬至止。"[①]"赵"之与"劳"也是音变关系。我坚信原始华夷语系中是有复辅音声母的,"赵""劳"是复辅音声母 dr-分化的结果。"赵"的第一声母为[d],与"桃"音通(均属定母)。章太炎《丙午与刘光汉书》云:"(韩非子)《备内》篇有引《桃左春秋》一事,桃即赵字,《桃左春秋》,谓赵人虞卿、荀子所传《左氏》。"[②]

通过对"皋落氏"的考察,又一次证实了本文所提出的理论预设:华夷原本是一家。

---

① 《十三经注疏》,第 2083 页。
② 章太炎《太炎文录初稿》,第 157 页,见《章太炎全集》,上海人民出版社,2014 年。

下面谈由姬姓演变而来的雍州白狄。

将白狄归于内北狄,与外北狄区分开来,我以为是可信的。至于将白狄与姬姓联系起来,证据有两条。一条是,东汉王符《潜夫论·志氏姓》云:"姮姓白狄。"清汪继培笺:"昭十二年《穀梁传》范甯注:'鲜虞,姬姓白狄也。'《疏》云:'《世本》文'。此'姮'疑'姬'之误。"①据陈梦家《世本考略》云:"《世本》之篇,盖战国末赵人所作,其书成于赵政称帝前十余年。"②既然先秦时代的赵人已经肯定鲜虞白狄为姬姓,那么雍州白狄也应该为姬姓,因为冀州白狄实从雍州迁徙过来。段连勤的《北狄族与中山国》对此有精细的论述。

判断雍州白狄为姬姓的第二根据是因为黄帝族群与周王朝的远祖曾是这块土地的主人。姬姓白狄应该也是他们的子孙后裔。这些在春秋时期被称之为白狄的部落是出自此地远古的土著,他们千百年来居于山林险阻之地,过着原始的生存生活方式,与其他进步了的姬姓在文化上逐渐产生了巨大差异。至于《左传》成公十三年晋国吕相绝秦书说:"白狄及君同州,君之仇雠,而我昏姻也。"因为此时(前578年)的姬姓晋国与姬姓白狄早在各自的远祖时代就已不是血族亲缘,虽同姓也可以构成婚姻关系。秦国虽与白狄同处雍州,在地缘上相近,而白狄是土著,秦人是后来者,他们原在东方,殷商时期他们的祖先中潏(jué)来到"西戎,保西垂"(《史

---

① 《潜夫论笺校证》,第457页,中华书局,1985年。
② 附《六国纪年》后,第194页,中华书局,2005年。

记·秦本纪》)。到周代,秦人逐渐霸西戎,所以他们与白狄是"仇雠"。而邻居毕竟是邻居,故"秦与戎翟同俗"①。

白狄在雍州的分布状况,《史记·匈奴列传》引《括地志》云:"延州、绥州、银州,本春秋时白狄所居,七国属魏,后入秦。"②《太平寰宇记》关西道标明为"白翟国"。属翟地的有鄜州、坊州、丹州、延州、绥州、银州。其中丹州(治所在宜川县)风俗条引《隋图经·杂记》:

> 俗谓"丹州白室,胡头汉舌"。即言其状似胡,其语习中夏。"白室",即"白翟"语讹耳。近代谓之部落稽胡,自言白翟后也。③

这条材料有两点要说明一下。一是"白室"即"白翟"的问题。"室"音式质切,审母三等字,"翟"定母字。周祖谟说:"室,古读如实……按室实古音声纽相近,实床母三等字,古音读近定母。"④故"室"即"翟"。这条民间俗谚,可证部落稽"自言白翟后也"是可信的。《周书·异域传·稽胡》说:

> 稽胡一曰部落稽,盖匈奴别种,刘元海五部之苗裔也。或云山戎赤狄之后。⑤

---

① 《史记·魏世家》,第1857页。
② 《史记·匈奴列传》,第2883页。
③ 《太平寰宇记》卷三十五,第744页。
④ 周祖谟《问学集》,第128页,中华书局,1986年。
⑤ 《周书》卷49,第896页,中华书局,1971年。

"或云"、疑盖之词都不如隋俗谚可信。

二是"部落稽"是什么意思？他们是不是胡人？

《隋图经》的"部落稽",《元和郡县图志》引作"步落稽"①,与《周书》同。《史记·货殖列传》(第3263页)"西贾秦、翟",《正义》:"翟:隰、石等州部落稽也。延、绥、银三州,皆白翟所居。"《正义》也作"部落稽"。但既不说是"赤狄",也不说是"白翟",也不说是"胡",只用于注释"翟"。姚薇元《北朝胡姓考》认为《魏书·官氏志》云:"太洛稽"以及《姓纂》等书之"大利稽""大俗稽""大落稽"等应为"伏洛稽"当即"步落稽"之异译②。按姚氏此考,"步落稽"乃胡语汉译词。而《隋图经》明确肯定,部落稽"语习中夏",归之为译音词,证据不足。然《周书》(第897页)却说:"又与华民错居,其渠帅颇识文字。然语类夷狄,因译乃通。"这些矛盾不一的说法,正好说明部落稽人原本为白翟,属于华夏语系,后来沦为胡人所统辖的部落,胡化很深,先是"其状似胡",后来"语类夷狄"。历史上的"部落稽"人,在漫长的演变过程中,事实上成了胡汉杂种。但"部落稽"非音译词,其意为稽姓部落。据《太平寰宇记·河东道·隰州》(卷49,第1010页)说:"其人本号部落。"所以"部落稽"这个名称就包括胡汉两种元素。"部落"是胡人的社会单位词,"稽"是来自远古时代的一个姓。《通志·氏族略》:"稽氏,黄帝臣太山稽之后。"太山稽是黄帝六相之一。《汉书·古今人表》作"大山稽",注

---

① 《元和郡县图志》卷三,第74页,中华书局,1983年。
② 姚薇元《北朝胡姓考》(修订本),第204页,中华书局,1962年。

云:"黄帝师。"①《抱朴子·极言》:"精推步则访山稽、力牧。"②推步术是研究天文历法的,是发展农业生产的必要条件。太山稽、力牧都是黄帝时期部落联盟的重要成员,都精于推步术。部落稽虽然长期受匈奴统辖,以致人们误以为他们是"匈奴别种",而他们与匈奴有本质上的区别:他们非游牧族群,而是以农耕为生。"其俗土著,亦知种田。地少桑蚕,多麻布。其丈夫衣服及死亡殡葬,与中夏略同。妇人则多贯蜃贝以为耳及颈饰。"③

雍州白翟,春秋时期已亡种亡国,融入华夏族群,只有部落稽一直延续到北周(557—581年)时期才被讨灭,"余众尽降","自是寇盗颇息"④。主要原因是他们"居山谷间","多恃险不宾","王师一举,未可尽除"。

关于部落稽,周一良的《北朝的民族问题与民族政策》、唐长孺的《魏晋杂胡考》、马长寿的《北狄与匈奴》第五章,以及林幹的《中国古代北方民族通论》第四章,均有研究。我的结论与诸家都不同,不敢说一定正确,只是个人的一种看法而已。

最后谈白狄别种中山鲜虞国。

鲜虞白狄本与雍州白狄为同一族群的分化,上文已经谈过,只不过地处冀州,故单独谈一下。他们属于华夷语系,属于北狄语族,这是毋庸置疑的。

有人以为夷狄之"姬"与中国之诸姬非同一种姓,不是冒充就

---

① 《汉书》卷二十,第868页。
② 《抱朴子·内篇·极言》,第241页,中华书局,1980年。
③ 《周书·异域·稽胡》,第896、897页。
④ 《周书》,第899页。

是记载有误,进而否定华夷本是一家的理论预设。可古人并不这样认为。《春秋穀梁传》昭公十二年云:

> 晋伐鲜虞。其曰"晋",狄之也。其狄之何也? 不正其与夷狄交伐中国,故狄称之也。①

这里的"中国"就是指鲜虞。范甯集解:"郑君释之曰:晋不见因会以绥诸夏,而伐同姓,贬之可也。"②这里的"同姓"也是指鲜虞,鲜虞与晋国同为姬姓。

《春秋公羊传》"晋伐鲜虞",东汉人何休解诂云:"晋……不因以大绥诸侯,先之以博爱,而先伐同姓,从亲亲起,欲以立威行霸,故狄之。"何休也肯定晋与鲜虞"同姓",有"亲"缘关系。《疏》云:"诸夏之称,连国称爵,今单言'晋',作夷狄之号,故须解之。"③

这个例子具有普遍意义,古人就是这么看待"华""夷"关系的。"故曰:诸夏用夷礼则夷之,夷狄用诸夏礼则诸夏之。"④"晋伐鲜虞"违背"亲亲"大礼,故"狄之""贬之可也"。

从上文的调查研究可以证明,北狄语族的诸族群都来自新石器时代几个著名的大部落。他们的活动范围,按苏秉琦的六大文化区系来分,"以燕山南北、长城地带为重心的北方"是早期北狄族群的生存区域。"以关中(陕西)、晋南、豫西为中心的中原"是晚期(特别

---

① 《十三经注疏》,第2436页。
② 同上。
③ 同上,第2320页。
④ 钱穆《国史大纲》(修订本),第57页,商务印书馆,1996年。

是春秋时期)北狄族群的生存区域。也就是说,两三千年间,北狄语族的各族群也为这两大区系的经济、文化发展做出过重大贡献。

由于北狄族群来源不一,地区不一,时代先后不一,他们的语言既有共同点,即都属于原始华夷语系,但分歧也一定不小。也由于北狄语族在两千多年前已经消失,也无任何文献资料可供参考,因此,关于北狄语族的具体面貌,今人已无从了解。某些用汉字记录的人名,如：

缘斯　侨如　焚如　简如　廧咎如　肥如　鸢鞮(苑支)　勃鞮

在北狄语中究竟是什么意思,一时无法解读。前人有用汉字义来作释者,根本不可信。如白狄别种肥如,其生存地在古冀州(今山西、辽西等地。可参阅杨伯峻《春秋左传注》昭公十二年"灭肥"注)。《史记·高祖功臣侯者年表》有"肥如国",属辽西。《索隐》引应劭云："肥子奔燕,燕封于此。肥,国也;如,往也;因以为县也。"[①]将"肥如"一词拆开来分析,以"如"为"往",纯属主观臆断。若"肥如"之"如"为"往也","侨如""焚如"之"如"又作何解！

关于"勃鞮",上文已谈及,颛顼时代有"勃鞮之国",《国语·晋语四》有"寺人勃鞮","勃鞮"快读为"披",他的华语名字叫"伯楚"。从"勃鞮"一名可以推断,这位为晋献公做事的"寺人"实为狄种。所以派他攻打重耳住邑蒲城,重耳奔翟后,从翟君猎于渭滨,勃鞮又受惠公派遣图谋行刺。作为人名勃鞮与国名(实为部落名)勃鞮意思一样吗？解开"勃鞮"之谜要联系相关的词一起来讨论。这类相关的词有：

---

① 《史记·高祖功臣侯者年表》,第911页。

鞮 狄鞮 鞮鞻 鞮屦 铜鞮 履鞮

先说"鞮"。《说文》:"鞮,革履也。"这是"鞮"的本义,其他各种义项均由此引申而来。《一切经音义》"鞮译"条:"《考声》云:鞮,北狄西戎号也。"① 朱骏声《说文通训定声·解部》:"鞮,……胡人履连胫谓之络鞮,如今靴也。"②

考古文化也证明,北狄西戎地区从新石器时代开始就已有长筒皮鞋。沈从文《中国古代服饰研究》说:

> 关于靴鞋的形象资料,却十分出人意外,最近在辽宁凌源牛河梁红山文化(公元前3500年)遗址中,发现了一件裸形少女红陶塑像……左足上赫然着有短勒靴。再一件,是甘肃玉门火烧沟出土的四坝文化(公元前2000年)彩陶人形壶,亦为一裸胸女子,着尖头大鞋……晚期的例证,则有1989年青海乐都出土的辛店文化(公元前1400年)彩陶靴,造型几乎和现代橡胶雨鞋一模一样,与牛河梁陶塑形也完全一致。靴底前圆后方,靴上绘有条带和三角纹,显然是仿照皮革实物而来……《韵会》引《说文》:"鞮,革履也。胡人履连胫(有长筒)谓之络鞮。"《隋书·礼仪志》也说:"靴,胡履也。"文献表明这种长筒皮鞋源于北方先民,似与出土材料很为吻合。③

---

① 《一切经音义》卷85,第2004页,上海古籍出版社,2008年。
② 《说文通训定声》,第520页,中华书局,1984年。
③ 沈从文《中国古代服饰研究》,第015页,上海书店出版社,2002年。

"鞮"这种革靴,为北方原始华夷族群所共有。(桂馥《说文义证》引战国时的《田俅子》:"谓少昊鞉鞮"。)这里的"鞉"与"鞮"为两物,少昊应该非黄帝之子少昊清,而是早于黄帝的少昊氏族,是这个氏族发明了"鞉"与"鞮"。随着族群的分化,狄人还保持这种原始皮靴,而且还引申出相关的名词。

《礼记·王制》有东南西北四方翻译官的专有名称。"西方曰狄鞮,北方曰译。"按传统的说法是西戎北狄,"狄鞮"似应为北方的翻译官才对。不过,"戎""狄"常混而不分,"鞮译"也合为一词。"狄鞮"为何义?郑玄注:"皆俗间之名,依其事类耳。鞮之言知也,今冀部有言'狄鞮'者。"①

"鞮之言知也",属于声训,用华语的"知"来训狄语的"鞮",历代训诂学家无人以之为非。《正义》据此发挥说:"鞮,知也。谓通传夷狄之语与中国相知。"(第1338页)《广雅·释诂》据此将"鞮,智(与"知"通)也"作为正解收录。这类训诂材料几乎无科学性可言。因为"鞮"与"知"只是偶然声音相通,意义却毫无关系。郑注显然不可信。

"狄鞮"之所以名为"狄鞮","狄"是族称,"鞮"还是皮靴,穿这种皮靴的人担任翻译官,就以穿着为特征来命名其职业了,古人将这种现象称之为"以衣皮名官"。《古今韵会举要·齐韵》"鞮"字引《乐书》云:

鞮屦者,以衣皮名官。②

---

① 《十三经注疏》,第1338页。
② 《古今韵会举要》,第84页,中华书局,2000年。

"鞮屦"的结构下文再谈。郑玄说：今冀部有言"狄鞮"者，因冀部本来就是自古以来狄人所在地。东汉时期"内北狄"早已不存，而某些语词及遗风尚在，这是可信的。

司马相如《上林赋》说："狄鞮之倡。"《文选》注引郭璞云："谓狄鞮为西戎乐名。"《史记·司马相如传》集解引徐广曰："韦昭云：狄鞮，地名，在河内，出善倡者。"①河内就在冀部，其地名"狄鞮"无疑是存古，其人"善倡"显然是戎狄能歌善舞遗俗的保存，尽管他们早已华化，而传统歌舞习俗却代代相传。舞者持"翟羽"，"狄鞮"之"狄"本应作"翟"。

司马迁在《货殖列传》中对河内、中山等地有这样的描写："丈夫相聚游戏，悲歌慷慨，起则相随椎剽，休则掘冢作巧奸冶，多美物，为倡优。""狄鞮"留下的野性习俗，即使在华化了的汉代，依旧跃然在目。

鞮鞻，乐舞名，也是乐官名，与皮靴有关吗？回答是肯定的。《周礼·春官·叙官·鞮鞻氏》郑玄注："鞻读为屦。鞮屦，四夷舞者所扉（fèi）也。今时倡蹋鼓沓行者，自有扉。"郑玄说"鞻读为屦"，不准确。"四夷舞者所扉"的即"鞮鞻"。"鞮鞻"是联绵字，《说文》作"䩛娄"（王筠《说文句读》："䩛娄，官名也。"），也即"朱离"（《诗·小雅·鼓钟》毛传："西夷之乐曰朱离。"②盈按："朱"在上古其声母与"鞮"相近，也有人认为相同），《孝经钩命诀》写作"侏离"，

---

① 《史记·司马相如传》，第3039页。
② 《十三经注疏》，第467页。

《公羊传》昭公二十五年何休注"东夷之乐曰侏离"①,也写作"兜离"(见班固《东都赋》)。这些材料也证明"鞮鞻"不可拆开,由舞者所穿之皮靴引申为乐舞名、乐官名。其职责为"掌四夷之乐与其声歌",而其命名却来自北翟。"鞮屦"与"鞮鞻",从结构到意义都不一样,"鞮""屦"是夷夏结合词,"鞮"义为革,"屦"是鞋,即革履,为偏正关系。郑玄说"鞻读为屦",把问题搞混了。"鞮屦"出现于《曲礼下》,时代大大晚于"鞮鞻"。

"铜鞮"见于《左传》,既是山名,又是水名,也是曲名,也是晋之离宫名。其地在山西上党地区,原为北狄故地,这个词应与狄人有关,这个"鞮"的初义很可能是官名。"铜鞮"就是掌管铜矿的官府,铜鞮故城在沁县,据报载,绛县周家庄遗址发现距今4300—3800多年的合金铜片。这些铜片与"铜鞮"有无关系呢?这种联想有相当的根据。随着族群的迁徙,这个词传到了云南、四川等地,写作"朱提"。《后汉书·郡国志》犍为属国有"朱提山出银铜"(3516页)。《华阳国志·南中志》有朱提郡、朱提县。任乃强的《华阳国志校补图注》提供了较为丰富的资料(280页),可参阅。

最后说"履鞮",此人即"勃鞮"。《史记·晋世家》此人有二名,前文作"蒲人之宦者勃鞮"(第1646页),后文作"宦者履鞮"(第1656页)。此种差异,说明《晋世家》材料来源不一,也说明"勃鞮"非华夏语,至少战国时人已不甚了解,于是改为夷夏结合词"履鞮",二者为并列关系,也可证此"勃鞮"与同(部落)名"勃鞮"在意义上已有引申,究竟应作何解,清梁玉绳《史记志疑·晋世家》"蒲

---

① 《十三经注疏》,第2328页。

人之宦者勃鞮"条云：

> 宋庠《国语补音》曰："勃鞮，官名。"宋说甚得，然则内外《传》云勃鞮（原注：僖二十五年《左传》有。）以及"履鞮""履貂""勃貂"，皆官号之异，乃主屦者，若《周官》之鞮鞻氏。鞮是革履，貂是皮履，勃者排也（原注：《说文》解。），取排比之义。①

梁玉绳取宋庠说，以"勃鞮"为"官名"，寺人勃鞮"乃主屦者"，完全正确。但说"勃者排也，取排比之义"，这就是以华语来曲解狄语了。"勃鞮"为记音词，前面已经讲过，"勃鞮"为国名。那么，"勃"的初义应该是族称。《左传》昭公九年："肃慎、燕、亳，吾北土地。"《逸周书·王会》："发人麃。麃者，若鹿，迅走。"《管子·揆度》："发、朝鲜之文皮。"又《轻重甲》："发、朝鲜不朝。"《史记·五帝本纪》："北，山戎、发、息慎。"《大戴礼记·少间》："昔虞舜以无德嗣尧……海外肃慎、北发、渠搜、氐、羌来服。"亳、发与勃音通，应该是东北地同一族称的异写。但"勃"作为族称，其得名之理据为何？仍不得而知。与勃海之"勃"有无关系呢？是勃海因勃族群而得名呢？还是勃族群因勃海而得名？《初学记·地部·海》有"渤鞮海"（《后汉书·窦宪传》作"比鞮海"），我以为"勃海"即"渤鞮海"之省称。《史记·司马相如传·子虚赋》"浮勃澥"《集解》引《汉书音义》曰："海别枝名也。"《索隐》按：《齐都赋》云："海傍曰勃。"（3015页）勃鞮之"勃"是否即"海傍"之意，难以定论。

---

① 梁玉绳《史记志疑》卷21，第976页，中华书局，1981年。

北狄语族的研究乃综合工程,不仅要取材于华夏语,还应从羌戎语及外北狄语中发掘材料,但由于缺少现存的参照语及相应的文献材料,困难很大,而且难以克服。北狄语族的消失,基本上意味着华夏语族的扩张。研究华夏语族发展时,必须要明白这一点。

五证荀子所言:"好书者众矣。"

《荀子·解蔽》云:"故好书者众矣,而仓颉独传者,壹也。""好书者众","仓颉独传",这两条材料都是来自口传历史。

近几十年来,各地考古发掘了大量的刻画符号。这类符号并不全都是文字,却是文字产生的先兆。可证在新石器时代,的确是"作书者众矣"。至少有四个地区的刻画符号在学术界被认为与文字有关。如距今约六千年左右的西安半坡村遗址就有一百多个符号。郭沫若说:"刻划的意义至今虽尚未阐明,但无疑是具有文字性质的符号。"[1]还有距今约四千二百多年的山东丁公村陶片上的十一个刻画符号,裘锡圭认为"可能属于一种走入歧途的原始文字"[2]。而周策纵写了《四千年前中国的文史纪实——邹平县丁公村龙山文化陶文考释》[3]。在周氏之前,饶宗颐写了《丁公村龙山文化陶文的试读:试揭开中国四千年前古文字之谜》,发表于香港

---

[1] 郭沫若《古代文字之辩证的发展》,收入《奴隶制时代》,第245页,人民出版社,1973年。

[2] 裘锡圭《究竟是不是文字——谈谈我国新石器时代使用的符号》,《文物天地》1993年2期。

[3] 此文收入周策纵著《文史杂谈》,世界图书出版公司,2014年。

《明报日刊》1993年10月,周文就是与之进行讨论的。另有距今四五千年的良渚刻画符号,多达六百以上,已引起研究者的高度关注。

在文化学术界最为关注的刻画符号出土于山东莒县陵阳河遗址,属于大汶口文化,"距今5000年至4600年"[①],有人称这些符号为"陶尊文字",有人名之为"东夷文字",唐兰称之为"民族文字","它们已经是很进步的文字"。唐兰还对它的时代背景提出了宝贵的看法。他说:

> 大汶口陶器文字是目前所能见到的我国最早的意符文字……大汶口文化是少昊文化,少昊国家的蚩尤是和炎帝、黄帝同时的,这个民族的文化,可能是从太昊时代遗留下来的。少昊国家的极盛时期,则在少昊挚的时代,那已经是在黄帝时代之后了,大汶口文化的陶器文字,约在这个文化的中期而较晚,离今五千多年,即相当于少昊挚时或稍在其后……我认为我国意符文字的起源,应在太昊与炎帝时代。黄帝杀了蚩尤,征服了两个昊的民族,同时也接受了他们高度发展的文化。[②]

唐兰将大汶口文化的陶器文字的时代定在"相当于少昊挚时或稍在其后",这是很有见地的,我很赞成这个看法。但有一个重要的

---

① 高广仁、栾丰实《大汶口文化》,第132页,文物出版社,2004年。
② 唐兰《中国有六千多年的文明史——论大汶口文化是少昊文化》,香港《大公报在港复刊三十周年纪念文集》,第30、45页,1977年。

事实他不能自圆其说。既然"少昊挚的时代""在黄帝时代之后",黄帝怎么能杀他之后的二昊呢?黄帝已经没了,少昊挚还在,且创立了"高度发展的文化",黄帝又如何去接受这种文化呢?这涉及到大汶口陶器文字是"东夷文字"(本文将"东夷"归入"百越集团")还是华夏文字的问题是"东夷"创造的还是华夏族创造的?唐兰说:这种陶文"和后来的商周铜器铭文、甲骨卜辞以及陶器、玉器、石器等上的文字是一脉相承的,是我国文字的远祖"[1]。那无疑这种陶文属于以黄帝为代表的华夏语族所创造的,不应是华夏族"接受了"东夷族的"高度发展的文化"。

唐兰先生陷入这样的矛盾并不奇怪,因为少昊问题,司马迁、班固等人就没有说清,东汉时的张衡就对司马、班氏提出了批评[2],后人也不断有讨论,但我们今天的文化学术界仍然搞不清少昊挚为何许人也。一提"少昊"就是"东夷",而不知道少昊挚本来就属于黄帝族,他是"东夷"地区的统治者,却不是原本意义上的"昊"。此"昊"不等于彼"昊"。为什么?

唐兰先生在他的文章中注文二四已经引用过《盐铁论·结和》的话:"黄帝战涿鹿,杀两昊、蚩尤而为帝。"杀两昊与蚩尤,这都是影响巨大的战争。杀两昊在先,杀蚩尤在后。两昊被杀之后,占领他们土地的是蚩尤。《逸周书·尝麦解》云:"命蚩尤于宇少昊,以临四方。"这个"少昊"已经是地名,或者是部落名,非部族首领名。

---

[1] 唐兰《中国有六千多年的文明史——论大汶口文化是少昊文化》,香港《大公报在港复刊三十周年纪念文集》,第31页,1977年。

[2] 见《后汉书·张衡传》及李贤《注》。

因为作为东夷族首领的少昊已经被杀。从句式看,"于宇少昊"即"宇于少昊",这个"少昊"只能是地点补语。《越绝书·越绝计倪内经》云:"故少昊治西方,蚩尤佐之,使主金。"①此说不可信,蚩尤"临四方",怎么是"佐之"呢?在杀两昊的战争中,蚩尤是炎、黄的同盟者,但"宇于少昊"之后,他与炎黄之间的矛盾变得尖锐起来,于是:

蚩尤乃逐帝,争于涿鹿之河(阿),九隅无遗。赤帝大慑,乃说于黄帝,执蚩尤,杀之于中冀。②

蚩尤被杀之后,原来的少昊地区谁是继起的统治者呢?文献有明确记载:

乃命少昊请(诸本作"清")司马鸟师以正五帝之官,故名曰质。③

《集注》引庄述祖云:"乃命少昊清:言以蚩尤所居命清。清,青阳也。司马鸟师以正五帝之官,故名曰质。……五帝,五行之帝,主四时者。"郑环曰:"黄帝杀蚩尤时,清为司马,帅其属居其地以正五行之官,少昊司马本其初而言,鸟师要其后而言,正五行之官举其

---

① 《越绝书校释》,第110页,中华书局,2013年。
② 《逸周书汇校集注·尝麦解》,第782、783页,上海古籍出版社,1995年。
③ 同上,第784页。

职而言。"朱右曾云:"清,一名青阳,黄帝子,已姓,为黄帝司马,代蚩尤居少昊,其后有名质者代轩辕氏有天下,以鸟师正五帝之官,具详《春秋传》。质,读为挚,知清非即质者,《礼·祭法》疏引《春秋命历序》云……"①朱右曾以少昊清、挚为两人。清为黄帝子,质(即"挚")为清之后人。

《汉书·律历志·世经》云:

> 少昊帝 《考德》曰:少昊曰清。清者,黄帝之子清阳也,是其子孙名挚,立。土生金,故为金德,天下号曰金天氏。②

清与挚(质)究竟是一人还是两人,一直是历史疑案。对于本文而言,最重要的是确定"挚"确有其人,而且属于黄帝集团。《左传》昭公十七年云:

> 少昊氏,鸟名官,何故也。
> 杜注:"少昊金天氏,黄帝之子,已(《释文》:"已,音纪,又音祀。")姓之祖也。"③
> 《正义》:"《帝系》云:'黄帝生玄嚣也'。《史记》云:'黄帝正妃生二子,其后皆有天下:其一曰玄嚣,是为青阳,降居江水'。言降居江水,谓不为帝也。此《传》言其以鸟名官,则是

---

① 以上三家文字均转引自《逸周书汇校集注》,第785、786页。
② 《汉书·律历志》,第1012页。
③ 《十三经注疏》,第2083页。

为帝明矣。故《世本》及《春秋纬》皆言青阳即是少昊,黄帝之子,代黄帝而有天下,号曰金天氏。"①

又:"我高祖少昊挚之立也,凤鸟适至……"《左传》的少昊挚与《逸周书》的少昊质为一人,属于黄帝之子或孙,这应该是不成问题的。唐兰说,大汶口文化的陶器文字产生于少昊时或稍在其后,也是有一定根据的。

东汉王符《潜夫论·五德志》云:

女节……生白帝挚青阳,世号少昊。代皇(黄)帝氏,都于曲阜。其德金行。其立也凤皇适至,故纪于鸟……是始作书契,百官以治,万民以察。②

"是始作书契",莒县陵阳河出土的陶文不正足以互相印证吗!莒县一带原本就是少昊氏的统治地区。《春秋经》隐公二年:"莒人入向。"杜注:"莒国,今城阳莒县也。"《正义》:"《世本》:莒,已姓。"③"已姓之祖"即少昊。这都不是偶然巧合。

由"是始作书契",我们可以推知少昊质得名之由来,以及少昊质得名的本来用字是什么。

少昊质得名的本来用字应该是"契",因为"始作书契",故世人

---

① 《十三经注疏》,第2083页。
② 《潜夫论笺校证》,第392页,中华书局,1985年。
③ 《十三经注疏》,第1718页。

名之曰"契"。这也有文本为据。《世本》云：

> 少昊，黄帝之子，名契，字青阳。黄帝殁，契立。①

"契"是本字，"质""挚"为同音假借。"契"与"质""挚"声母似乎远隔，但这个例子又一次证实了我在《商代复辅音声母》中提出的"章组与舌根音相通"的规律是可信的，李方桂构拟为 krj-，我拟为 klj-。

《世本》说少昊名契，这条材料早已有人引用并加以发挥。童书业说：

> 其实少昊即是契，这是陈梦家先生的发现：陈先生的根据，最重要的是《世本》"少昊名契"(《路史》注引)的记载。案，陈说甚是！……
>
> "契"的名字即是契刻书契之意，少昊即是契，所以有"始作书契"之说。（王符之说必有所本）又契与仓颉的传说也有关系：陈梦家先生以是仓颉之"仓"与"商"同，仓庚鸟亦作商庚鸟。"契""颉"古音极近。然则契少昊仓颉即是一人，所以都为造字之祖。
>
> 当梦家先生发现少昊即契与仓颉的时候，他并不曾见到《潜夫论》的话，这可见考据到了精密的当儿，证据只有愈来愈

---

① 罗泌《路史·后记》七注引董逌《钱谱》转引《世本》，见《世本》八种，秦嘉谟辑补本，第17页，中华书局，2008年。

多的。①

仓颉之颉即"契",徐仁甫也有此主张。我估计徐先生未读过陈梦家、童书业的文章,应是各自独立研究得出了相同的结论。徐说:

> 仓颉为初造书契之人。"仓"为"创"省,"颉"与"契"通。……所以仓颉就是创契的意思。这也是以事名人。(另详余《仓颉说》。)②

很遗憾,手头无徐先生的《仓颉说》,不知他还有何高见。"颉"与"契"通,与陈梦家先生不约而同,我以为可以视为定论。但两位先生对"仓"的解说,不敢苟同。《春秋纬·春秋元命苞》说:"仓帝史皇氏名颉……生而能书。"③"仓帝"与"白帝""黄帝"一样,都是以五色名帝。"仓"代表青色、东方,与"商""创"毫无关系。"史皇"是人们对仓颉的敬称。《淮南子·修务》:"史皇产而能书。"高诱注:"史皇,仓颉,生而见鸟迹,知著书,故曰史皇,或曰颉皇。""史"是掌管文字记事的人,"史皇"等于"书(字)圣","颉皇"即"契皇",等于"契刻之圣"。我们将大汶口文化中的陶尊文字与少昊契,也即"仓颉(契)"联系起来,历史赋予少昊以"史皇""颉帝"这样的称谓,恰

---

① 顾颉刚《中国上古史研究讲义·重印后记·潜夫论(五德志、志氏姓)单独发表时童书业的跋》,第336、337页,(盈按:童的这篇《跋》作于民国二十六年夏。)中华书局,2002年。

② 徐仁甫《广古书疑义举例》卷二,第29页,中华书局,2014年。

③ 《春秋纬》,第60页,上海古籍出版社,1993年。

如其分地肯定了他的创始之功,也可证陈梦家、唐兰两位先生的研究成果,应该受到高度重视。考古文化与口传历史互相印证,的确是史前语言文化研究的一大法宝。

近日重翻吴秋辉(1876—1927)的《侘傺轩文存》,才忆及在陈梦家、徐仁甫之前,吴氏即已指出:"文之施于书契,袭故蹈常,不知其经几千百世。迨至虞舜之世,有圣人出焉,始于文化史上放一异彩,此圣人在当时人共称之曰契……其称之为契者,以其人素以善为书契,见知于世,故人即以契称之。及战国时,或更变其称为仓颉。"(《侘傺[盈按:此为封面题签,字本作"傺"]轩文存》178页,齐鲁书社,1997年)吴氏也认为契即仓颉,只不过他把契定在虞舜时,此契即商之远祖,童书业也认为商契"这个传说与少暭有关",此说很有意义,在此不能细说。

在本文结尾,我再强调一点:少昊契并非东夷族人,继少昊而起统治东夷地区的颛顼,当然也并非东夷族群。《山海经·大荒东经》说:

> 东海之外大壑,少昊之国。少昊孺帝颛顼于此,弃其琴瑟。

郭璞注:"少昊,金天氏,帝挚之号也。"郝懿行《笺疏》:"此言少昊孺养帝颛顼于此,以琴瑟为戏弄之具,而遗留于此也。《初学记》九卷引《帝王世纪》云'颛顼生十年而佐少昊',《鹖冠子书》云'颛顼生十五而佐少昊',义皆与此合。……少昊盖以帝子而为诸侯,封于下国,即此《经》云'少昊之国'也。由斯以谈,少昊即颛顼之世父,颛顼是其犹子。世父就国,犹子随侍,眷彼幼童,娱以琴瑟,蒙养攸基,此事理之平,无足异者。"①我们没有任何理由否定《山海经》、郭《注》及郝《疏》的真实性,也没有理由否定少昊挚及颛顼属于华夏语族。可证,在新石器时代所谓"东夷"地区,也有华夏族群存在,而且少昊、颛顼都是不折不扣的统治者。故"东夷"既可以指种族,也可以指地区。《孟子·离娄》说,舜东夷之人也,文王西夷之人也。可舜、文王是典型的华夏族,显然,孟子在这里说的"东夷""西夷"都是指地区,不是指种族。潘光旦1962年5月29日的日记说:

> 午前作资料片,于山东半岛为远古各民族自西徂东、自北徂南的汇合点与转运站似乎有所发明。②

潘先生所说的"远古各民族……的汇合点与转运站",堪称卓识。可惜,他还没有来得及将"发明"写出来公之于世,于此记五年之后(1967年)就惨遭厄运而告别了人世。

我以为"东夷"也可以分为内东夷和外东夷。从黄帝杀二昊之后,内东夷就分化了。相当一部分华夏化,还有一部分演化为百越族群。我们重建华夷语系,而不单立"东夷语族",原因就在于此。

2014年中秋完稿于西郊抱冰庐
2015年7月修订

---

① 《山海经注疏》,《郝懿行集》第六册,第4971页,齐鲁书社,2010年。
② 《中国民族史料汇编·附录:编纂者潘光旦日记中有关记载的摘录》,第472页,天津古籍出版社,2005年。

参考文献选目

一、古代文献(含后人整理本)

十三经注疏(附阮元校勘记本)　中华书局,1986年。
尚书新解·虞夏书　金景芳、吕绍刚,辽宁古籍出版社,1996年。
尚书校释译论(1—4册)　顾颉刚、刘起釪,中华书局,2005年。
逸周书汇校集注(上、下)　黄怀信等,上海古籍出版社,1995年。
禹贡锥指　胡渭著,邹逸麟整理,上海古籍出版社,2006年。
诗毛氏传疏　陈奂,商务印书馆,1930年。
周礼正义(1—14)　孙诒让撰,王文锦、陈玉霞点校,中华书局,1987年。
国语正义(上、下)　董增龄,巴蜀书社,1985年。
国语集解(修订本)　徐元诰撰,王树民、沈长云点校,中华书局,2002年。
春秋左传注(1—4册)　杨伯峻,中华书局,1981年。
战国策(全三册)　上海古籍出版社,1978年。
战国策集注汇考(增补本,上、中、下)　诸祖耿,凤凰出版社,2008年。
大戴礼记补注(附王树枏《校正孔氏大戴礼记补注》)　孔广森撰,王丰先点校,中华书局,2013年。
大戴礼记解诂　王聘珍撰,王文锦点校,中华书局,1983年。
山海经笺疏　郭璞注,郝懿行笺疏,张鼎三、牟通点校,收入《郝懿行集》(六),齐鲁书社,2010年。
山海经校注　袁珂,上海古籍出版社,1980年。
穆天子传西征讲疏　顾实,中国书店,1990年。
世本八种　宋衷注,秦嘉谟等辑,中华书局,2008年。

古本竹书纪年辑校　朱右曾辑,王国维校补,辽宁教育出版社,1997年。
今本竹书纪年疏证　王国维、黄永年校点,辽宁教育出版社,1997年。
古本竹书纪年辑证(修订本)　方诗铭、王修龄,上海古籍出版社,2005年。
《竹书纪年》与夏商周年代研究　张富祥,中华书局,2013年。
楚辞补注(上、下)　王逸注,洪兴祖补注,中华书局,1957年。
楚辞解故　朱季海,上海古籍出版社,2011年。
吕氏春秋校释(上、下)　陈奇猷,学林出版社,1984年。
淮南子校释(上、下)　张双棣,北京大学出版社,1997年。
史记(全十册)　司马迁,中华书局,1962年。
史记志疑(全三册)　梁玉绳,中华书局,1981年。
史记会注考证(全十册)　司马迁著,[日]泷川资言会注考证,北岳文艺出版社,1999年。
汉书(全十二册)　班固撰,颜师古注,中华书局,1962年。
后汉书(全十二册)　范晔撰,李贤等注,中华书局,1965年。
春秋繁露义证　董仲舒著,苏舆义证,钟哲点校,中华书局,1992年。
潜夫论笺校正　王符著,汪继培笺,彭铎校正,中华书局,1985年。
说文解字注　许慎撰,段玉裁注,上海古籍出版社,1981年。
说文解字义证　许慎撰,桂馥义证,上海古籍出版社,1987年。
易纬　诗纬　礼纬　乐纬　黄奭辑,上海古籍出版社,1993年。
春秋纬　论语纬　孝经纬　黄奭辑,上海古籍出版社,1993年。
七纬(附论语谶)(上、下)　赵在翰辑,钟肇鹏、萧文郁点校,中华书局,2012年。
古史考　谯周著,章宗源辑,丛书集成初编,中华书局,1991年。
帝王世纪　皇甫谧撰,宋翔凤、钱保塘辑,刘晓东校点,辽宁教育出版社,1997年。
帝王世纪　皇甫谧撰,陆吉点校,齐鲁书社,2010年。
华阳国志校补图注　常璩著,任乃强校注,上海古籍出版社,1987年。
水经注　郦道元著,戴震校,商务印书馆,1958年。
通典(全三册)　杜佑著,颜品忠等校点,岳麓书社,1995年。
通志二十略　郑樵撰,王树民点校,中华书局,1995年。
括地志辑校　李泰等著,贺次君辑校,中华书局,1980年。

元和郡县图志(全二册)　李吉甫撰,贺次君点校,中华书局,1983年。
太平御览(全四册)　李昉等,中华书局,1960年。
太平寰宇记(全九册)　乐史撰,王文楚等点校,中华书局,2007年。
方舆胜览(全三册)　祝穆撰,祝洙增订,施和金点校,中华书局,2003年。
读史方舆纪要(全十二册)　顾祖禹撰,贺次君、施和金点校,中华书局,2005年。
天下郡国利病书(全六册)　顾炎武撰,黄珅、顾宏义校点,上海古籍出版社,2012年。
绎史　马骕撰,王利器整理,中华书局,2002年。
吴越春秋(辑校汇考)　佚名,周生春撰,上海古籍出版社,1997年。
吴越春秋校注　赵晔著,张觉校注,岳麓书社,2006年。
越绝书校释　李步嘉,中华书局,2013年。

二、历史与考古

中国大陆上的远古居民　贾兰坡,天津大学出版社,1978年。
中国历史的童年　中华书局编辑部编,中华书局,1982年。
中国远古时代　苏秉琦主编,张忠培、严文明撰,上海人民出版社,2010年。
史前中国社会研究(外一种)(上、下)　吕振羽,河北教育出版社,2000年。
中国原始社会　宋兆麟、黎家芳、林耀西,文物出版社,1983年。
中华远古史　王玉哲,上海人民出版社,2003年。
中国文明的开始　李济,江苏教育出版社,2005年。
中国文明起源新探　苏秉琦,三联书店,1999年。
中国的起源　朱小丰,上海文艺出版社,2014年。
早期中国——中国文化圈的形成和发展　韩建业,上海古籍出版社,2015年。
万古江河——中国历史文化的转折与开展　许倬云,上海文艺出版社,2006年。
中国古代文明与国家的形成　李学勤主编,王宇信等编,中国社会科学出版社,2007年。
徐中舒论先秦史　上海科技文献出版社,2008年。
先秦史　翦伯赞,北京大学出版社,1999年。

先秦史　吕思勉,上海古籍出版社,2005年。
先秦史十讲　徐中舒,中华书局,2009年。
汉族祖源试说　邵靖宇,浙江大学出版社,2001年。
华夏文明(第一集)　田昌五主编,北京大学出版社,1987年。
华夏文明(第二集)　田昌五主编,北京大学出版社,1990年。
中国古代史　夏曾佑,河北教育出版社,2004年。
纬史论微　姜忠奎著,黄曙辉、印晓峰点校,上海书店出版社,2005年。
古史甄微　蒙文通,商务印书馆,1933年。收入《中国现代学术经典·蒙文通卷》,河北教育出版社,1996年。
夷夏东西说　傅斯年,中研院史语所集刊第一种《庆祝蔡元培先生六十五岁论文集》(下),1935年。收入《中国现代学术经典·傅斯年卷》,河北教育出版社,1996年。
中国古史的传说时代　徐旭生(炳昶),广西师范大学出版社,2003年。
新获卜辞写本后记·跋　傅斯年,原载中研院史语所《安阳发掘报告》第二期,1930年。收入《中国现代学术经典·傅斯年卷》,河北教育出版社,1996年。
中国古代社会新研　李宗侗(玄伯),中华书局,2010年。
中国历史探讨　齐思和,河北教育出版社,2000年。
古史辨(第一册)　顾颉刚编著,上海古籍出版社,1982年。
古史辨(第二册)　顾颉刚编著,上海古籍出版社,1982年。
古史续辨　刘起釪,中国社会科学出版社,1991年。
中国上古史讲义　顾颉刚,中华书局,2002年。
史林杂识(初编)　顾颉刚,中华书局,1963年。
浪口村随笔　顾颉刚,辽宁教育出版社,1998年。
刘师培史学论著选集　上海古籍出版社,2006年。
国学丛考　姜亮夫,浙江大学出版社,2008年。
殷卜辞中所见先公先王考　王国维,《观堂集林》卷九,中华书局,1959年。
殷卜辞中所见先公先王续考　王国维,《观堂集林》卷九,中华书局,1959年。
鬼方昆夷玁狁考　王国维,《观堂集林》卷十三,中华书局,1959年。
古史新证——王国维最后的讲义　清华大学出版社,1994年。

中华民国解　章太炎,《章太炎全集·太炎文录初编》,上海人民出版社,2014年。

西南属夷小记　章太炎,《章太炎全集·太炎文录续编》,上海人民出版社,2014年。

从大汶口文化的陶器文字看我国最早的文化年代　唐兰,《光明日报》1977年7月14日。

中国有六千多年的文明史——论大汶口文化是少昊文化　唐兰,香港《大公报在港复刊三十周年纪念文集》,1978年。

中国文字正变源流考·仓颉造字　吴秋辉,《侘傺（傺）轩文存》卷五,齐鲁书社,1997年。

中国通史参考资料选辑（第一辑　原始时代）　束世澂编辑,新知识出版社,1955年。

伏羲考　闻一多,《神话与诗》,古籍出版社,1956年。

夏代文化研究论集　中国先秦学会、洛阳第二文物工作队编,中华书局,1996年。

夏商周历史与考古　程平山,人民出版社,2005年。

走出疑古时代　李学勤,辽宁大学出版社,1994年。

历史与神话交融的防风氏　杨向奎,《杨向奎学术文选》,人民出版社,2000年。

旷古逸史——陇右神话与古史传说　范三畏,甘肃教育出版社,1999年。

神话考古　陆思贤,文物出版社,1995年。

文物史前史　中国国家博物馆编,中华书局,2009年。

西南文化创世纪——殷代陇蜀部族地理与三星堆、金沙文化　饶宗颐,上海古籍出版社,2010年。

三星堆文化探秘及《山海经》断想　刘少匆,昆仑出版社,2001年。

《山海经》新探　中国《山海经》学术讨论会编辑,四川社会科学院出版社,1986年。

中国神话哲学　叶舒宪,中国社会科学出版社,1992年。

饶宗颐新出土文献论述　沈建华编,上海古籍出版社,2005年。

上古史发掘　刘夫德,陕西人民出版社,2010年。

先周历史文化新探　于俊德、于祖培,甘肃人民出版社,2005年。

早期秦史　祝中熹,敦煌文艺出版社,2004年。
古燕国史探微　常征,聊城地区新闻出版局,1992年。
赵国史稿　沈长云等,中华书局,2000年。
齐鲁史前文化与三代礼器　王永波、张春玲,齐鲁书社,2004年。
楚文化史　张正明,上海人民出版社,1987年。
楚国史话　黄德馨编著,华中工学院出版社,1983年。
青铜的战神——齐鲁兵家文化研究　仝晰纲,学林出版社,1999年。
杭州史前文化研究　王心喜,人民出版社,2007年。
良渚文化探秘　浙江省社会科学院国际良渚文化研究中心,人民出版社,
　　2006年。
东北史纲　傅斯年,上海古籍出版社,2012年。
东北史　程妮娜,吉林大学出版社,2001年。
夏商周原始文化要论　周延良,学苑出版社,2004年。
夏商考古　陈旭,文物出版社,2001年。
武王克商之年研究　北京师范大学国学研究所编,北京师范大学出版社,
　　1997年。
童书业史籍考证论集(上、下)　中华书局,2005年。
童书业历史地理论集　中华书局,2004年。
冯承钧西北史地论集　中国国际广播出版社,2013年。
鲁文化史　杨朝明,齐鲁书社,2001年。
南方文明　童恩正,重庆出版社,1998年。
古代的巴蜀　童恩正,重庆出版社,1998年。
江西先秦考古　彭适凡,江西高校出版社,1992年。
杨宽古史论文选集　上海人民出版社,2003年。
中国东北西辽河地区的文明起源　田广林,中华书局,2004年。
巴蜀考古论集　林向,四川人民出版社,2004年。
甘青地区史前考古　谢端琚,文物出版社,2002年。
中国历史大讲堂:夏商史话　孟世凯,中国国际广播出版社,2007年。
西南访古卅五年　汪宁生,山东画报出版社,1997年。
春秋大事表列国爵姓及存灭表撰异(三订本)(上、中、下)　陈槃,上海古籍出

版社,2009年。
旧学旧史说丛(上、下)　陈槃,上海古籍出版社,2010年。
不见于春秋大事年表之春秋方国稿　陈槃,上海古籍出版社,2009年。
中国史前考古学史研究(1895—1949)　陈星灿,三联书店,1997年。
中国考古发现与研究(1949—2009)　刘庆柱主编,人民出版社,2010年。
新石器时代考古　张江凯、魏峻,文物出版社,2004年。
大汶口文化　高广仁、栾丰实,文物出版社,2004年。
仰韶文化　巩启明,文物出版社,2002年。
龙山文化　张学海,文物出版社,2006年。
红山文化　郭大顺,文物出版社,2005年。
红山文化研究　张星德,中国社会科学出版社,2005年。
红山玉器收藏与鉴赏　陈逸民、陈莺,上海大学出版社,2004年。
吴越文化　冯普仁,文物出版社,2007年。
吴城文化研究　彭明瀚,文物出版社,2005年。
帝系新研　郭永秉,北京大学出版社,2008年。
中国人的起源:基因解读三皇五帝　方鹏,江西人民出版社,2010年。
三皇五帝时代(修订本)(上、下)　王大有,中国时代经济出版社,2005年。
追寻五帝　郭大顺,商务印书馆(香港)有限公司,2000年。
追寻五帝:揭幕中国历史纪元的开篇　郭大顺,辽宁人民出版社,2010年。
五帝时代——以华夏为核心的古史体系的考古学观察　韩建业、杨新改,学苑出版社,2006年。
五帝时代研究　许顺湛,中州古籍出版社,2005年。
轩辕黄帝史迹之谜　曲辰,中国社会科学出版社,1992年。
黄帝崩　葬桥山——黄帝文化论文集萃　主编:薛光明,执行主编:兰草,陕西旅游出版社,1998年。
黄帝与中华文化　何炳武,陕西旅游出版社,1999年。
三皇五帝探源　任乃荣,新华出版社,2011年。
黄帝　钱穆,三联书店,2004年。
刘累族氏与鲁山历史文化　杜耒亚主编,中州古籍出版社,2004年。
虞夏时期的中原　董琦,科学出版社,2000年。

尧舜传说研究　陈泳超,南京师范大学出版社,2000年。
商族的起源、迁徙与发展　朱彦民,商务印书馆,2007年。
商周史料考证　丁山著,沈西峰点校,国家图书馆出版社,2008年。
后稷传说与稷祀文化　曹书杰,社会科学文献出版社,2006年。
西周史(增订本)　许倬云,三联书店,1994年。
说"尤"与蚩尤　周策纵,原载台湾大学文学院中国语言文学系编印《中国文字》第48册,1972年6月。收入周策纵作品集(4)《经典训诂》,世界图书出版公司,2014年。
熊图腾:中华祖先神话探源　叶舒宪,上海锦绣文章出版社,2007年。
中华龙:起源和形成　朱乃诚,三联书店,2009年。
中国鸟信仰:关于鸟文化宇宙观的思考　陈建勤,学苑出版社,2003年。
中国巫傩史　林河,花城出版社,2001年。
"巫"字初义探源　周策纵,原载台北《大陆杂志》第69卷6期,1984年。收入周策纵作品集(4)《经典训诂》,世界图书出版公司,2014年。
巫·舞·八卦　周冰,中央编译出版社,2008年。
图腾层次论　杨和森,云南人民出版社,1987年。
刘朝阳中国天文学史论文选　大象出版社,2000年。
星象解码　陈久金,群言出版社,2004年。
火历钩沉——一个遗失已久的古历之发现　庞朴,《中国文化》1988年创刊号。可参阅庞氏相关文章:《火历:以大火星为授时标准的一种上古历法》,见庞著《中国文化十一讲》,第171—184页,中华书局,2008年。
环境考古研究(第三辑)　周昆叔、莫多闻、佟佩华等主编,北京大学出版社,2006年。
黄河变迁史(第一至第七节)　岑仲勉,中华书局,2004年。
中国运河史(绪言、甲编、乙编)　常征、于德源,北京燕山出版社,1989年。
历史上的永定河与北京　尹钧科、吴文涛,北京燕山出版社,2005年。
《山经》河水下游及其支流考　谭其骧,《长水粹编》,河北教育出版社,2000年。
西汉以前的黄河下游河道　谭其骧,《长水粹编》,河北教育出版社,2000年。
海河水系的形成与发展　谭其骧,《长水粹编》,河北教育出版社,2000年。
古史地理论丛　钱穆,九州出版社,2011年。

史记地名考　钱穆,九州出版社,2011年。
石器时代人们的居地及其聚落分布　史念海,原载《人文杂志》1959年第三期。收入史念海著《河山集》,三联书店,1963年。
中国近五千年来气候变迁的初步研究　竺可桢,原载《人民日报》1973年6月19日。收入《竺可桢科普创作选集》,科学普及出版社,1981年。
华人·龙的传人·中国人——考古寻根记　苏秉琦,辽宁大学出版社,1994年。
中国青铜时代　张光直,三联书店,1999年。
中国考古学论文集　张光直,三联书店,1999年。
考古人类学随笔　张光直,三联书店,1999年。
考古学专题六讲(增订本)　三联书店,2010年。
探秘远古人类　吴新智、徐欣,外语教学与研究出版社,2015年。

三、语言与民族

汉藏系语言研究法——一九三九年十二月二十九日为国立北京大学文科研究所讲演　李方桂,原载北京大学《国学季刊》1951年第7卷第2号,又载《文复月刊》第7卷第8期,1974年8月。收入《中国语言学论集》,台湾幼狮文化事业公司,1977年。
"非汉语"语言学之父——李方桂先生　丁邦新,原载《文复月刊》第7卷第8期,1974年8月。收入《中国语言学论集》,台湾幼狮文化事业公司,1977年。
中国境内非汉语研究的方向　张琨主讲,张贤豹记录,原载《幼狮月刊》40卷6期,1974年12月。收入《中国语言学论集》,台湾幼狮文化事业公司,1977年。
汉藏语概论(上、下)　马学良主编,北京大学出版社,1991年。
汉藏两族人和话同源探索　俞敏,原载《北京师范大学学报》1980年第1期。收入《俞敏语言学论文集》,商务印书馆,1999年。
汉藏语系研究和中国考古学　邢公畹,原载《民族语文》1996年第4期。收入《邢公畹语言学论文集》,商务印书馆,2000年。
我和汉藏语言研究　邢公畹,收入张世林编《为学术的一生》,广西师范大学出版社,2005年。

汉语和亲属语言比较研究的基本原则　何九盈,原载《语言学论丛》第二十九辑,2004年。收入何九盈著《语言丛稿》,商务印书馆,2006年。

汉藏语同源词研究(一)——汉藏语研究的历史回顾　丁邦新、孙宏开主编,广西民族出版社,2000年。

汉藏语同源词研究(二)——汉藏、苗瑶同源词专题研究　丁邦新、孙宏开主编,广西民族出版社,2001年。

汉藏语同源词研究(三)——汉藏语研究的方法论新探　丁邦新、孙宏开主编,广西民族出版社,2004年。

二十世纪中国少数民族语言研究　戴庆厦主编,书海出版社,1998年。

藏缅语新论　马学良、胡坦、戴庆厦、黄布凡、傅爱兰等,中央民族学院出版社,1994年。

汉藏语系语言研究　罗江文等主编,云南民族出版社,2005年。

汉语与少数民族语言关系概论　戴庆厦主编,中央民族学院出版社,1992年。

语言与民族物质文化史　张公瑾主编,民族出版社,2002年。

语言接触与语言比较　薛才德主编,学林出版社,2007年。

《诗经》"中"字倒置问题　邢公畹,原载上海《大公报·文史周刊》36期,1947年8月27日。收入《邢公畹语言学论文集》,商务印书馆,2000年。

上古汉语的SOV语序及定语后置　张清常,原载《语言教学与研究》1989年第1期。收入《张清常语言学论文集》,商务印书馆,1993年。

苗瑶语方言词汇集　中央民族学院苗瑶语研究室编,中央民族学院出版社,1987年。

苗瑶语古音构拟　王辅世、毛宗武,中国社会科学出版社,1995年。

藏缅语族语言词汇　黄布凡主编,中央民族学院出版社,1992年。

藏缅语十五种　戴庆厦等,北京燕山出版社,1991年。

门巴·珞巴·僜人的语言　孙宏开、陆绍尊、张济川、欧阳觉亚,中国社会科学出版社,1980年。

玛曲藏语研究　周毛草,民族出版社,2003年。

侗台语族概论　梁敏、张均如,中国社会科学出版社,1996年。

汉台语比较手册　邢公畹,商务印书馆,1999年。

论汉语中的台语底层　班弨,民族出版社,2006年。
三江侗语　邢公畹,南开大学出版社,1985年。
壮汉语同源词研究　蒙元耀,民族出版社,2010年。
南岛语分类研究　吴安其,商务印书馆,2009年。
语言与姓名文化:东亚人名地名族名探源　张惠英,中国社会科学出版社,2002年。
壮泰族群分化时间考　黄兴球,民族出版社,2008年。
中国南方民族语言语序类型研究　李云兵,北京大学出版社,2008年。
汉藏语研究论文集　龚煌城,北京大学出版社,2004年。
汉语和藏语同源体系的比较研究　施向东,华语教学出版社,2000年。
中国民族语言学史　王远新,中央民族学院出版社,1993年。
民族语文研究文集　《民族语文》编辑部,青海民族出版社,1982年。
民族研究文集　马学良,民族出版社,1992年。
民族语文论集——庆祝马学良先生八十寿辰文集　戴庆厦、罗美珍、杨应新编,中央民族学院出版社,1993年。
马学良民族语言研究文集　中央民族大学出版社,1999年。
杨成志人类学民族学文集　民族出版社,2003年。
容观夐人类民族学文集　民族出版社,2003年。
徐松石民族学文集(上、下)　广西师范大学出版社,2005年。
罗美珍自选文集　民族出版社,2007年。
严学宭民族研究文集　民族出版社,1997年。
郑张尚芳语言学论文集(上、下)　中华书局,2012年。
西南民族研究论文集(1904—1949年)　李绍明、程贤敏编,四川大学出版社,1991年。
雅砻江流域民族考察报告　李绍明、童恩正主编,民族出版社,2008年。
闽台民族史辨　郭志超,黄山书社,2006年。
民族研究散论　张崇根,中国藏学出版社,2000年。
古代云南之居民与发展　方国瑜,《方国瑜文集》第一辑,云南教育出版社,2001年。
藏语研究文论　胡坦,中国藏学出版社,2002年。

藏族早期历史与文化　　格勒,商务印书馆,2006年。
三皇五帝与纳西祖先　　和士华,云南人民出版社,2007年。
纳西古籍中的星球、历法、黑白大战　　和士华,民族出版社,2002年。
纳西族与藏族关系史　　赵心愚,四川人民出版社,2004年。
东巴文化论集　　郭大烈、杨世光编,云南人民出版社,1991年。
东巴文化论　　郭大烈、杨世光主编,云南人民出版社,1991年。
东巴文化与纳西哲学　　李国文,云南人民出版社,1991年。
彝语通论　　丁椿寿,贵州民族出版社,1993年。
文明中国的彝族十月历　　刘尧汉、卢央,云南人民出版社,1986年。
彝族史要　　易谋远,社会科学文献出版社,2007年。
破译千古易经——兼论彝汉文明的同源性　　阿苏大岭,云南民族出版社,2008年。
彝文化和楚文化的关联　　普珍,云南人民出版社,2001年。
中国西南氐羌民族源流史　　段丽波,人民出版社,2011年。
西陲古地与羌藏文化　　李文实,青海人民出版社,2001年。
中国先越文化研究——从壮族鸡卦看《易经》起源　　黄懿陆,云南人民出版社,2007年。
百越民族发展演变史——从越、僚到壮侗语族各民族　　王文光、李晓斌,民族出版社,2007年。
古越国兴衰变迁研究　　马雪芹,齐鲁书社,2008年。
越文化国际学术研讨会论文集　　连晓鸣、李永鑫主编,浙江古籍出版社,2006年。
越裔遗俗新探　　王胜先,贵州人民出版社,1990年。
楚国与泸夷——民族迁徙、冲突与融合　　刘复生,巴蜀书社,2000年。
悬崖上的民族——僰人及其悬棺　　黄华良、李诗文编著,巴蜀书社,2006年。
巴人源流及其文化　　应骥,云南大学出版社,2007年。
东夷文化通考　　张富祥,上海古籍出版社,2008年。
东夷杂考　　李白凤,河南大学出版社,2008年。
东夷文化与青州——山东青州东夷文化研讨会文集　　王立胜主编,齐鲁书社,2009年。

北狄、东夷和华夏传统文明建构　艾荫范,光明日报出版社,2012年。
乌桓与鲜卑　马长寿,广西师范大学出版社,2006年。
北狄与匈奴　马长寿,广西师范大学出版社,2006年。
氐与羌　马长寿,广西师范大学出版社,2006年。
北狄族与中山国　段连勤,广西师范大学出版社,2007年。
苗族史　伍新福、龙伯亚,四川民族出版社,1992年。
宣恩苗族概况　《宣恩苗族概况》编写组,恩施市新华印刷厂,1986年。
土族语　吕建福,中国社会科学出版社,2002年。
吐谷浑史　周伟洲,广西师范大学出版社,2006年。
土家人和土家语　罗安源等著,民族出版社,2001年。
中国土家语地名考订　叶德书、向熙勤,民族出版社,2001年。
佤族社会历史与文化　罗之基,中央民族大学出版社,1995年。
傈僳族简史　《傈僳族简史》修订本编写组,民族出版社,2008年。
傣族简史　《傣族简史》修订本编写组,民族出版社,2009年。
苗瑶史　吴永章,四川民族出版社,1993年。
瑶族简史　《瑶族简史》修订本编写组,民族出版社,2008年。
湖南瑶族　《湖南瑶族》编写组,民族出版社,2011年。
过山瑶研究文集　李筱文、赵卫东主编,民族出版社,2008年。
瑶族研究五十年　胡起望,中央民族大学出版社,2009年。
布朗族简史　《布朗族简史》编写组,云南人民出版社,1984年。
基诺族简史　《基诺族简史》修订本编写组,民族出版社,2008年。
匈奴史稿　陈序经,中国人民大学出版社,2009年。
匈奴史研究　武沐,民族出版社,2005年。
攀西古代民族　叶大槐,攀枝花新华印务有限公司,2005年。
云南民族史(修订本)(上、下)　尤中,云南大学西南边疆民族历史研究所编印,1985年。
四川少数民族　四川省民族研究所《四川少数民族》编写组,四川民族出版社,1982年。
广东少数民族　广东省民族研究所《广东少数民族》编写组,广东人民出版社,1982年。

夜郎史探　贵州省社会科学院历史研究所,贵州人民出版社,1988年。
夜郎文化寻踪　唐文元、刘卫国,四川人民出版社,2002年。
湖南少数民族史　游俊、李汉林,民族出版社,2001年。
凉山夷家　林耀华,云南人民出版社,2007年。
怒族　段伋,民族出版社,1991年。
怒族简史简志合编(初稿)　社科院民族所、云南少数民族社会历史调查组编,中国社会科学院民族研究所,1963年。
藏彝走廊中的独龙族社会历史考察　蔡家骐,民族出版社,2008年。
碑铭所见前秦至隋初的关中部族　马长寿,广西师范大学出版社,2006年。
北朝胡姓考(修订本)　姚薇元,中华书局,2007年。
寻根之路　宋兆麟,学苑出版社,2004年。
中国民族史料汇编　潘光旦,天津古籍出版社,2005年。
中国民族史研究(1)　高文德、卢勋编,中央民族学院出版社,1987年。
民族研究论文集(第六集)　中央民族学院民族研究所,1988年。
中国北方诸族的源流　[美]朱学渊,中华书局,2002年。
中国古代北方民族通论　林幹,内蒙古人民出版社,1998年。
中国古代北方民族通史　林幹,鹭江出版社,2003年。
中国西北少数民族史　杨建新,民族出版社,2003年。
中国南方民族史　王文光,民族出版社,1999年。
汉民族形成问题讨论集　三联书店,1957年。
华夏民族的起源与形成过程　沈长云,收入《探古集》,中华书局,2002年。
中国汉族通史(1、2卷)　徐杰舜主编,杨宏峰副主编,宁夏人民出版社,2012年。
古代神话与民族　丁山,商务印书馆,2005年。
中国民族史(上、下)　林惠祥,商务印书馆,1939年。
民族与古代中国史　傅斯年,上海古籍出版社,2012年。
中国民族的形成　李济,上海人民出版社,2008年。
中国民族史　吕思勉,东方出版社,1987年。
中国古代民族史讲义　蒙文通,天津古籍出版社,2008年。
中华民族研究初探　陈连开,知识出版社,1994年。
中华民族多元一体格局　费孝通等,中央民族学院出版社,1989年。

中国民族关系史纲要　翁独健主编,中国社会科学出版社,2001年。
社会语言学与中国民族史研究　张公瑾,收入北京市语言学会编《语言论文集》,商务印书馆,1985年。
中国古代民族的融合　许倬云,收入《求古编》,新星出版社,2006年。
中华民族凝聚力的形成与发展　卢勋等,社会科学文献出版社,2007年。
河洛文化与汉民族散论　河南省河洛文化研究中心编,陈义初主编,河南人民出版社,2006年。
彝文文献研究　中央民族学院彝文文献编译室编,中央民族学院出版社,1993年。
中国仫佬族人口　肖永孜、陈洁莲等,中国人口出版社,2004年。
西藏察隅僜人的社会与文化　吴丛众,黑龙江教育出版社,2001年。
吐火罗史研究　王欣,中国社会科学出版社,2002年。
马长寿民族学论集　周伟洲编,人民出版社,2003年。
论汉语主体源于东夷　罗骥,《古汉语研究》2002年第3期。
华夏语:汉语祖语的形成和发展——语言学与考古学、历史学的考察　郭锦桴,收入《语言学的务实与创新——庆祝胡明扬教授八十华诞学术论文集》,中国人民大学中文系编,外语教学与研究出版社,2004年。
巴蜀民族史论　李绍明,四川人民出版社,2004年。
华夏边缘:历史记忆与族群认同　王明珂,社会科学文献出版社,2006年。
试论周初分封与华夏国家社会的形成　宋镇豪,收入《西周文明论集》,洛阳市第二文物工作队、中国先秦史学会编,朝华出版社,2006年。
燕北山戎的兴起与灭亡　靳枫毅,《北京青年报》2010年7月21日。
中国北疆古代民族政权形成研究　杨茂盛,黑龙江教育出版社,2004年。
中华民族早期源流　王玉哲,天津古籍出版社,2010年。
中国的语言　孙宏开、胡增益、黄行主编,商务印书馆,2007年。

四、翻译文献

人类的起源　[英]理查德·利基著,吴汝康、吴新智、林圣龙译,上海科学技术出版社,1995年。
人类的大迁徙　[意]L. L. 卡瓦利-斯福扎、F. 卡瓦利-斯福扎著,乐俊河译,林若甫校,科学出版社,1998年。

最动人的人类史——地球如何变成人类家园　[法]安德烈·朗加内等著,蒋梓骅、王岩译,复旦大学出版社,2006年。

最动人的世界史——我们的起源之谜　[法]于贝尔·雷弗等著,吴岳添译,复旦大学出版社,2006年。

人类基因的历史地图　[美]史蒂夫·奥尔森著,霍达文译,三联书店,2006年。

出非洲记——人类祖先的迁徙史诗　[美]斯宾塞·威尔斯著,杜红译,东方出版社,2004年。

古代社会(全二册)　[美]路易斯·亨利·摩尔根著,杨东莼、马雍、马巨译,商务印书馆,1987年。

家庭、私有制和国家的起源(就路易斯·亨·摩尔根的研究成果而作)　恩格斯著,收入《马克思恩格斯选集》第四卷,人民出版社,1972年。

初民社会　[美]罗维著,吕叔湘译,江苏教育出版社,2006年。

三个原始部落的性别与气候　[美]玛格丽特·米德著,宋践等译,冯钢校,浙江人民出版社,1988年。

中国的亚洲内陆边疆　[美]拉铁摩尔著,唐晓峰译,江苏人民出版社,2008年。

原始文化　[英]爱德华·泰勒著,连树声译,广西师范大学出版社,2005年。

从神话到历史:神话时代,夏王朝　[日]宫本一夫著,吴菲译,广西师范大学出版社,2014年。

中国上古史实揭秘:天文考古学研究　[美]班大为著,徐凤先译,上海古籍出版社,2008年。

语言地理类型学　[日]桥本万太郎著,余志鸿译,北京大学出版社,1985年。

扶桑与若木:日本学者对三星堆文明的认识　[日]西江清高主编,巴蜀书社,2002年。

汉藏语系语言学论文选译　邢公畹等译,中国社会科学院民族研究所语言研究室、中国民族语言学术讨论会秘书处编,1980年。

境外汉语音韵学论文选　潘悟云编,上海教育出版社,2010年。

中国的语言和方言　李方桂著,梁敏译,原载英文《中国年鉴》1936年7月,重刊于美国《中国语言学报》1973年创刊号。见《民族译丛》1980年第1期,中国社会科学出版社。

上古时代的华夏人和邻族　［加］蒲立本著,游汝杰译,《扬州大学中国文化研究所集刊》第一辑,江苏古籍出版社,1998年。
汉藏语言概论　［美］P. K.本尼迪克特著,J. A.马提索夫编,乐赛月、罗美珍译,瞿霭堂、吴妙发校,中国社会科学院民族研究所语言研究室,1984年。
汉藏走廊古部族　［法］石泰安著,耿昇译,王尧校订,中国藏学出版社,2013年。
国际东巴文化研究集粹　白庚胜、杨富泉译,云南人民出版社,1993年。
中国史乘中未详诸国考证　［法］希格勒著,冯承钧译,上海古籍出版社,2014年。
汉语的祖先　［美］王士元主编,李葆嘉主译,中华书局,2005年。
论人类语言结构的差异及其对人类精神发展的影响　［德］威廉·冯·洪堡特著,姚小平译,商务印书馆,1997年。
洪堡特语言哲学文集　［德］威廉·冯·洪堡特著,姚小平译注,湖南教育出版社,2001年。
历史语言学中的比较方法　［法］梅耶著,岑麒祥译,王开庭校,世界图书出版公司,2008年。
商文明　张光直著,张良仁等译,陈星灿校,辽宁教育出版社,2002年。
古代中国考古学　张光直著,印群译,辽宁教育出版社,2002年。
美术、神话与祭祀　张光直著,郭净译,辽宁教育出版社,2002年。